Bernardin Schellenberger

# Ein anderes Leben

## Was ein Mönch erfährt

Mit einem Nachwort von
Erich Kock



Herder

Freiburg · Basel · Wien

ZWEITE AUFLAGE

Umschlagfoto: Werner Forman Archive


Imprimatur. – Freiburg im Breisgau, den 14. Januar 1980
Der Generalvikar: Dr. Schlund
Herstellung: Freiburger Graphische Betriebe 1980
ISBN 3-451-18846-5

# Vorwort

Nutzlos stehen auf dem Titelbild dieses Buches zwei Baumstrünke in der Landschaft. Ob sie eine Zierde sind, ist Geschmacksache; Leben wird kaum mehr in ihnen stecken; zum Bauholz taugen sie nicht mehr; Heizwert werden sie nicht viel haben. Vielleicht ließe sich zur Not noch ein Kreuz aus ihnen zimmern. Und doch sagen sie etwas aus, diese beiden Denkmäler eines erlittenen Lebens, diese beiden Einsamen, die gemeinsam schweigend zu einem zukünftigen Punkt weit jenseits des Bildes hin konvergieren.

Eine alte Redewendung sagt, es sei noch kein Baum in den Himmel gewachsen. Wie wahr das ist, spüren wir besonders schmerzlich in unserem Zeitalter, da uns der Flug zu Mond und Mars gelingt. Je mehr wir können, desto ferner rückt uns der Himmel.

Entsprechendes empfinden eigenartigerweise auch viele, die sich ehrlich mühen, in Treue und Geduld nach Gott zu suchen. Allen Techniken und Methoden zum Trotz scheint er sich immer mehr zu verbergen. Wer redlich versucht, seine Wurzeln am Wasserstrom des Glaubens in die Erde zu senken, erfährt nicht alsbald, was der erste Psalm so verlockend verheißt: daß er Frucht bringt zur rechten Zeit, daß seine Blätter nicht welken und daß ihm alles wohl gerät, was er tut.

Nein, der Gottsucher gedeiht nicht wie die Palme und wächst nicht wie eine Zeder des Libanon (vgl. Psalm 92), und auch die Kirche insgesamt bietet nicht gerade das Bild einer Pflanzung üppiger Ölbäume, die sprießen im Haus ihres Gottes (vgl. Psalm 52). Wir wissen nicht, weshalb das so ist und womöglich so sein *muß*. Wir wissen nur im Glauben, *daß* es seinen Sinn hat, weil es ganz wesentlich mit dem Schicksal Jesu Christi zusammenhängt, dessen gewaltsam abgerissenes Leben und dessen gebrochener Leib uns den ganz anderen Gott und ein ganz anderes Leben erschließen.

Das Mönchsleben, wie ich es erfahre, ist in diesem Grund der christlichen Existenz angesiedelt. So hoffe ich, daß ich mit dem vorliegenden Buch einigen Brüdern und Schwestern helfen kann, ihr Leben und ihr Schicksal im Licht des Glaubens zu sehen und zu bestehen, damit wir alle zu Zeichen in der Landschaft unserer Zeit werden und einander etwas zu sagen haben, und daß so neues Leben entsteht, oder ganz einfach die Geduld des Wartens auf das Feuer vom Himmel, das auch noch den ausgedörrtesten Baum zu verwandeln vermag.

Abtei Mariawald, Januar 1980

*Bernardin Schellenberger*

# Inhalt

# I

## Ein ganz anderes Leben

### *Das romantische Mißverständnis*

Vom 17. bis ins frühe 19. Jahrhundert gehörte zum Bestand der höfischen Parks und Anlagen neben dem Gehege mit seltenen exotischen Tieren eine malerisch eingerichtete Einsiedelei, nach Möglichkeit mit einem „richtigen" Eremiten. Diese „Ziereremiten", wie man sie in England nannte, sind sozusagen die Vorläufer unserer Gartenzwerge. Ziereremit zu sein war ein regelrechter Beruf, und wenn eine Stelle vakant geworden war, konnte es geschehen, daß der Arbeitgeber durch eine Zeitungsannonce einen neuen Mann suchte. In einem Inserat Mitte des 18. Jahrhunderts schrieb Charles Hamilton für die Eremitage im Park von Pain's Hill in Surrey folgende Bedingungen aus: „Der Eremit soll mindestens sieben Jahre in der Eremitage bleiben. Er wird mit einer Bibel, mit optischen Gläsern, einer Fußmatte, einem Betschemel, einem Stundenglas, mit Wasser und Nahrung vom Hause versehen werden. Er muß eine Kamelottrobe tragen und darf sich nie, unter keinen Umständen, das Haar, den Bart oder die Nägel schneiden, noch den Grundbesitz von Mr. Hamilton verlassen oder mit dessen Dienern sprechen." Nach sieben Jahren Eremitenlebens sollten diesem Einsiedler 700 Pfund ausgezahlt werden. Der schließlich eingestellte Eremit mußte aber schon nach drei Wochen wieder entlassen werden, weil er unerlaubterweise in ein Wirtshaus geschlichen war. Mr. Hamilton legte offensichtlich Wert auf ein „authentisches" Eremitenleben.

Ließ sich kein lebendiger Einsiedler anheuern, so tat es auch eine lebensgroße Einsiedlerfigur. Jean Paul beschreibt 1793 die Bayreuther Eremitage: „... neun bemooßte Klafter Holz ... Die Klafter umrangen eine Klause, die man – weil am ganzen Hofe keine Seele zu einem lebendigen Einsiedler Ansatz hatte – einem hölzernen anvertrauete, der still und mit Verstand darin saß und so viel meditierte und bedachte, als einem solchen Manne möglich ist. Man hatte den Anachoreten aus der Scheerauischen Schulbibliothek mit einigen aszetischen Werken versehen, die für ihn recht paßten und ihn zu einer Abtötung des Fleisches ermahnten, die er schon hatte ..."

Diese Einsiedelei besuchten die Damen und Herren des Hofes, wenn sie im Park lustwandelten, um sich von einem romantischen heiligen Schauer anrühren zu lassen. In Bayreuth spielte Anfang des 18. Jahrhunderts der Markgraf Georg Wilhelm mit seiner Gemahlin Wilhelmine – der Schwester des aufgeklärten Friedrich des Großen – und seinem Hof zuweilen gar selbst Eremit. Die ganze Gesellschaft hüllte sich in malerische Einsiedlerkutten, logierte in kleinen, aus Tuffstein gebauten Höhlen, die über den Wald verstreut und durch unregelmäßig geschlängelte Pfade mit dem Hauptbau verbunden waren, und ein Glöcklein rief die Herrschaften zum Gebet.

Den Sinn einer solchen Einrichtung gibt C. C. L. Hirschfeld in seinem umfassenden Werk „Theorie der Gartenkunst" (Leipzig 1780) an: Die beim Anblick solcher Einsiedeleien erwachende Erinnerung habe „eine Kraft zu Rührungen, die ein Herz, das nicht allein für die Welt empfindet, gern bei sich unterhält. Ich weiß nicht, warum wir solche Bilder nicht wieder erneuern sollen, die Veranlassung zu sanften und der menschlichen Würde so angemessenen Empfindungen sind. Es ist schon eine Äußerung von Tugend, wenn uns die Denkmäler der Tugend erwärmen; und man nähert sich schon um einige Schritte der Frömmigkeit, wenn man den Ort ehrwürdig findet, wo ein frommer Mann in Anbetung liegt." In der Eremitage im Park zu Hagley fand sich eine Inschrift nach Miltons „Penseroso", die Hirschfeld so „sehr passend" fand, daß er sie abdruckte: „Möchte ich doch in meinem entkräfteten Alter eine ruhige Einsiedeley, ein schlechtes Kleid und eine bemooßte Zelle finden, wo ich sitzen und über jeden Stern des Firmaments, über jedes vom Thau befeuchtete Gras nachdenken kann, bis ich eine vieljährige Erfahrung und dadurch gleichsam einen prophetischen Geist erreiche. Dieß Vergnügen gewähre mir, Melancholie, so will ich gerne mit dir meine Tage beschließen."[1]

Das hier beschriebene romantisch-sentimentale Verständnis, von Carl Spitzweg, Ludwig Richter, Moritz von Schwind und vielen anderen anmutig ins Bild gebracht und von Wilhelm Busch karikiert, hat bis in unsere Tage die landläufige Vorstellung vom Mönchs- und Eremitenleben beeinflußt, und noch heute gehört das Rückenfoto des Mönchs mit großer Kapuze, der melancholisch in eine weite Landschaft oder über einen stillen See blickt oder in einem alten Buch liest, zum festen Bestand der Broschüren und Bildbände, in denen wir unsere Lebensweise der Öffentlichkeit darstellen. Es fehlt dann nicht an Menschen, die uns ihren Dank und ihre Wertschätzung aussprechen, daß es uns Mönche „noch" (!) gibt, und die uns sagen, sie beneideten uns aufrichtig um unsere Möglichkeiten zu einem intensiveren, erfüllteren, stilleren Leben, nach dem auch sie sich sehnen. So nähren wir immer wieder selbst ein „ziereremitisches" Mißverständnis des Mönchslebens: Wir verkörpern und bestätigen bestimmte Sehnsüchte, Wünsche, Träume und Illusionen, die in vielen Menschen stecken – Sehnsüchte und Träume, die diese Menschen freilich niemals allen Ernstes zur bestimmenden Form ihres eigenen Lebens machen würden, weil nämlich, wie sie doch richtig spüren, diese Lebensform *so* gar nicht lebbar ist, sondern am ehesten von ausgestopften oder gemalten Eremiten verwirklicht werden kann.

## *Ein Ideal fern der praktischen Alltagserfahrung*

In den Augen ernsthafter, nüchterner Menschen und Christen stellt ein solches Mönchsleben ein Kuriosum ohne echte Glaubwürdigkeit und Aussagekraft dar. Es ist sicher kein Zufall, daß im Fernsehen vor einigen Jahren der Film über ein italienisches Kartäuserkloster in der Sendereihe „Reservate" gezeigt worden ist.

Wäre das nur die Folge einer Fehlinterpretation durch Außenstehende, ein Verkannt- und Mißverstandenwerden durch schlecht Informierte, dann könnte man das als unvermeidlich betrachten. Schwerer wiegt, daß wir selbst immer wieder solche Vorstellungen unterstützen, weil wir auch selbst mit ihnen zu kämpfen haben und oft viel Energie dafür verbrauchen, den weiten Abstand zwischen einem illusionären Ideal und unserer Wirklichkeit, wie wir sie tagtäglich erfahren, auszuhalten. In wie viele Konflikte, in welche Berufskrisen hat es schon geführt, und wie viele Berufungen sind schon in der Enttäuschung gescheitert, weil Mönche und Nonnen nach ihrer Noviziatszeit feststellen mußten, daß aus ihnen recht schnell alles andere als stille, beschauliche und in heiliger Muße lebende Menschen wurden und daß ihre Gemeinschaft durchaus kein immer harmonisches, friedvolles Miteinander war. Das aber sollten sie doch sein und darstellen. So beschreiben es zahllose Texte aus der Tradition, und so erwartet man es auch heute in der Kirche von ihnen.

Papst Paul VI. zum Beispiel hat in seiner Predigt am 24. Oktober 1964 auf Monte Cassino gesagt: „Ja, die Kirche und die Welt haben es nötig, daß der heilige Benedikt in der Gemeinschaft der Kirche und der Gesellschaft neu auftritt, sich umgibt mit seinem Gehege von Einsamkeit und Schweigen und von dort her den bezaubernden Klang seines friedvollen und tiefen Gebets verlauten lasse; daß er uns von dort her sozusagen betöre und uns in seine klösterlichen Heiligtümer rufe, um uns das Muster einer Werkstätte des ‚Göttlichen Dienstes' vor Augen zu führen, eine kleine ideale Gesellschaft, wo endlich die Liebe herrscht, der Gehorsam, die Unschuld, die Freiheit von allen Dingen und die Kunst, sie gut zu gebrauchen, der Vorrang des Geistes, der Friede – mit einem Wort: das Evangelium."

Jeder „insider" wird auf eine solche Beschreibung je nach Temperament mit Wehmut, Resignation, Sarkasmus oder Gleichgültigkeit reagieren, weil das Bild und Ideal freilich irgendwie „stimmt", aber zugleich auch nicht stimmt und ein bißchen weit weg von der praktischen Alltagserfahrung des Klosterlebens ist. Natürlich ist unser Ideal und unser Ziel die volle Verwirklichung des Evangeliums, mit allen Früchten der Liebe, des Friedens und der Freude, die ihr verheißen ist. Das ist nicht das Problem. Das Problem besteht darin, daß wir uns unter dem Druck fühlen – oder uns selbst unter diesen Druck setzen –, dieses Ideal als schon hier und heute erreicht erfahren und darstellen zu müssen und deshalb uns selbst und andern immer wieder etwas vorzumachen. Das lähmt uns eher, als daß es uns Mut und Schwung verleiht.

Anders gesagt: uns fehlt ein realistisches Konzept vom Mönch, wie er hier und heute tatsächlich leben kann, ein Modell, mit dem wir uns wirklich identifizieren können. Und weil dieses Konzept fehlt, kommt es zu den typischen Reaktionen, die ein unrealistisches Ideal hervorruft. Da gibt es einerseits die „Unverbesserlichen", die diesem Ideal treu bleiben und es von weitem mit Schuldgefühlen, mit Enttäuschung oder mit Unzufriedenheit über ihre tatsächliche Situation traurig grüßen. Da gibt es auf der andern Seite die Pragmatiker – die gewöhnlich in der Mehrzahl sind –, die die Fragen nach Ideal und Lebenskonzept als Kindereien für Novizenmeister und Novizen und Leute, die nicht genug zu tun haben, hinter sich gelassen und sich einer vernünftigen, befriedigenden praktischen Aufgabe im Kloster oder außer Haus verschrieben haben. Und da pendelt sich aus beidem ein Unternehmen ein, in dem man irgendwie halbherzig und gespalten ein beträchtliches Quantum an Gebet und ein noch gehörigeres Quantum an Arbeit verrichtet und die Auskunft gibt, Sinn und Berechtigung dieser Lebensart seien nur im Glauben zu begreifen. Damit scheinen dann alle weiteren Fragen und Einwände schachmatt gesetzt zu sein. Mönche widmen täglich eine beträchtliche Zeit dem Gebet, wie jedermann leicht sehen kann. Entweder man glaubt an Sinn und Fruchtbarkeit des (stellvertretenden) Gebets, und damit ist das Mönchsleben gerechtfertigt – oder man glaubt nicht daran, und dann hat man eben kein Verständnis für das Mönchsleben, oder höchstens für dessen „nützliche" Nebenleistungen.

## *Gebet und Leben ohne echten Bezug zur Wirklichkeit*

Sehr fragwürdig an dieser Argumentation ist, daß dabei unkritisch ein fast handwerklicher Begriff von Gebet vorausgesetzt und das Beten als einer unter vielen Arbeitsbereichen innerhalb der Kirche eingeordnet wird: die einen pflegen Kranke, andere treiben Mission, andere erledigen die Verwaltungsarbeit in den Ordinariaten und Pfarrämtern, und die Mönche verrichten eben das Gebet und loben Gott; das (liturgische) Gebet ist sozusagen ihr spezifisches Handwerk. Bis zum Zweiten Vatikanischen Konzil kam das besonders deutlich dadurch zum Ausdruck, daß ihnen von der Kirche ein sehr altehrwürdiges, bis in alle Einzelheiten genau festgelegtes, unwandelbares lateinisches „Offizium" in die Hand gedrückt wurde, das sie in ihrem Auftrag tagtäglich vollziehen, rezitieren, persolvieren sollten. Schon im Vokabular verrät sich das sehr materiell gewordene Verständnis. Natürlich ist das Chor- und Breviergebet nie – oder doch selten – völlig äußerlich-technisch verstanden worden, sondern immer wurden die Mönche angehalten, sich das, was sie da sangen und beteten, subjektiv anzueignen und innerlich mitzuvollziehen. Aber trotzdem bestand die Tendenz, das Gebet in diesem recht objektiven Sinn zu verstehen und es praktisch abzuspalten von den wesentlichen Fragen um Lebensstil, Askese und persönliche Erfahrung des Einzelnen, die in Wirklichkeit von zentraler Bedeutung für das Gebet selbst sind; denn wirkliches Gebet bedeutet eine Hinwendung des Menschen mit seiner ganzen Existenz zu Gott: zeige mir, wie du lebst, und ich sage dir, wie du betest.

So kam es, daß die Mönche hauptsächlich mit Gebet in diesem veräußerlichten Sinn und mit Arbeit beschäftigt sind, während die Grundfragen mönchischer Existenz, zum Beispiel das Problem der Einsamkeit, der Langeweile, des Überdrusses, der Konfrontation mit Leid und Tod, der Auseinandersetzung mit unserer heutigen Zivilisation, des Sinns des menschlichen Daseins, der Möglichkeiten und Spannungen menschlichen Miteinanders auf überzeugende Weise fast nur noch von Schriftstellern verhandelt werden, die den Kontakt zur Erfahrung der christlichen Mönche längst verloren haben. Ein Peter Handke mit seinen säkularisiert-mönchischen Erfahrungen und Fragestellungen wird schwerlich unter christlichen Mönchen einen adäquaten Gesprächspartner finden. Und auf Themen der Mystik, Spiritualität und Meditation haben sich gottlob einige Jesuiten spezialisiert, derweil die Mönche für solche Dinge wenig Zeit und Verständnis zu haben scheinen, weil sie voll damit ausgelastet sind, ihre klösterlichen Betriebe und Einrichtungen in Schwung zu halten.

Schon vor dreißig Jahren, am 20. Dezember 1949, hat Thomas Merton in seinem Tagebuch vermerkt: „Rilkes Notizbücher sind so voller Kraft, daß ich mich fragen muß, warum niemand in einem Kloster so schreibt. Nicht etwa, daß in Klöstern nicht schon bessere Bücher geschrieben worden wären, Bücher voll tieferer Heiterkeit. Aber Mönche scheinen nicht fähig, so gut zu schreiben – es ist, als verschleierte unsere berufsmäßige Geistigkeit zuweilen den Kontakt mit der nackten Wirklichkeit in uns. Es ist eine allgemeine Schwäche von Mönchen, sich in einer beruflichen Kollektivpersönlichkeit zu verlieren, sich in eine Form pressen zu lassen. Dennoch scheint diese Form nicht mit dem aufzuräumen, was unnötig oder sogar unerfreulich an einer Persönlichkeit ist. Wir halten an unseren Absonderlichkeiten und unserem Egoismus fest, aber in einer Weise, die nicht mehr interessant ist, denn sie ist schließlich doch nur mechanisch und gewöhnlich."[2]

*Zum Ursprung vorbohren*

Mit dem bisher Gesagten und den noch folgenden Gedanken möchte ich niemandem die Freude am gregorianischen Choral, an der traditionellen Liturgie und an einer Reihe alter Bräuche und Formen nehmen – zumal ich selbst Freude daran habe und es für töricht halte, all das abzuwerfen, ohne wirklich Besseres und Gehaltvolleres an seine Stelle setzen zu können. Ich möchte auch niemandem durch eine allzu scharfe und zugespitzte Begriffsbestimmung den Titel „Mönch" absprechen, der seine besten Kräfte in Seelsorge, Schule und Werken der Liebe einsetzt, statt sich nur innerhalb der Klostermauern aufzuhalten und irgend etwas Belangloses zu tun und zu meinen, schon allein dadurch sei er ein Kontemplativer. Und ich möchte auch niemandem den Mut nehmen, der sich sein Leben lang innerhalb der Klostermauern aufhält und nichts Vorzeigbares tut, weil er seltsamerweise ausgerechnet dazu berufen zu sein scheint. Ich möchte vielmehr im Folgenden versuchen, zu jener flüssigen Lava unserer mönchischen – nein: christlichen, menschlichen – Berufung vorzubohren, aus der unsere Lebensform einmal geronnen ist, und von der her sie immer wieder ihre Inspiration und Kraft erhalten muß; von der aus alles immer wieder verflüssigt und relativiert wird, so daß es vielleicht tatsächlich gar nicht so wichtig ist, was man im einzelnen tut; die einen lebendigen, wesentlichen Kontakt zu Jesus Christus und seinem Schicksal herstellt; und aus der eine wirkliche, ernsthafte Verständigung mit allen Menschen möglich ist, die geistig wach und die von der heutigen Unruhe des Suchens gepackt sind, ganz gleich, welcher Weltanschauung oder Konfession sie angehören.

Von diesem glühenden, flüssigen Ursprung her erwarte ich mir eine neue Vitalität; auch gewisse praktische Konsequenzen für unser konkretes Leben. Ob ich dieses etwas groß gefaßte Programm erfüllen kann, weiß ich nicht; jedenfalls will ich ein wenig schildern, worauf ich bei meinem Bohren gestoßen bin und woraus ich bis zur Stunde leben und Kraft schöpfen kann. Wenn es mir gelingen würde, einigen anderen Menschen damit zu helfen, ein klein wenig klarer zu sehen und mit neuer Kraft ihr Leben und ihre merkwürdige, faszinierende Berufung zu bejahen, würde mir das schon genügen.

## *Der Prophet im „Loch" zwischen Gegenwart und Zukunft*

Im Buch Ezechiel findet sich ein Bericht, wie der Prophet von Gott zu einer Zeichenhandlung aufgefordert wird: „Menschensohn, du wohnst inmitten des widerspenstigen Geschlechts, das Augen hat zu sehen und doch nicht sieht, und Ohren zu hören und doch nicht hört; denn sie sind ein widerspenstiges Geschlecht. Du nun, o Menschensohn, rüste dir Wandergepäck bei Tage vor ihren Augen und wandre vor ihren Augen von deinem Wohnort weg an einen andern Ort. Vielleicht sehen sie es; denn sie sind ein widerspenstiges Geschlecht. Schaffe dein Gepäck wie Wandergepäck hinaus bei Tage vor ihren Augen; du selber aber sollst am Abend vor ihren Augen hinausgehen wie einer, der auswandern muß. Vor ihren Augen brich dir ein Loch durch die Wand, und dann steige dort hinaus. Vor ihren Augen sollst du deine Schulter beladen; in finstrer Nacht sollst du von dannen ziehen. Dein Angesicht sollst du verhüllen, damit du das Land nicht siehst; denn ich mache dich zum Wunderzeichen für das Haus Israel" (Ez 12, 1–6).

In dieser Zeichenhandlung des Ezechiel für Israel kommt recht plastisch ein wesentlicher Aspekt der mönchischen Berufung zum Ausdruck: die Mönche sind berufen, ihren Brüdern und Schwestern vor Augen zu halten, daß sie *in* dieser Welt, aber nicht *von* dieser Welt sind (vgl. Jo 17, 14f); daß selbst – oder gerade – dann, wenn die Kirche unangefochten leben und ihre Aktivitäten und ihre Organisation entfalten kann, wir Christen „im Exil“ leben und Pilger und Fremdlinge sind, unterwegs zu der Vollendung, die zwar ein Stück weit schon hier auf Erden erahnt und verwirklicht werden kann und soll, aber erst im kommenden Reich Gottes Wirklichkeit werden wird. Die Mönche sind wie Menschen, die es mitten aus dem schönsten, frohesten Festsaal plötzlich in die Nacht hinaustreibt, weil es sie überkommt, daß dieses Fest zwar Vorahnung, Abbild, ja Sakrament des Kommenden ist – aber daß dieses Kommende doch noch einmal ganz anders, ein ganz Anderer ist als die Verlängerung und Tiefe aller irdischen Freude und Erfüllung. In dieser Weltzeit bleibt selbst unter den idealsten Bedingungen immer eine Deckungs-Ungleichheit zwischen irdischem und himmlischem Reich und ein mehr oder weniger großes Maß an Blindheit, Taubheit und Widerspenstigkeit der Welt gegenüber Gott. Gott liebt die Welt so sehr, daß er seinen eigenen Sohn in sie hineingesandt hat (Jo 3,16) – aber sie ist auf tragische Weise unfähig, ihn aufzunehmen; sie widersetzt sich ihm und haßt ihn (vgl. Jo 1,10f; 7,7; 14,17; 15,18 u.a.). Und diese „Welt“, diese Bastion des Widerstandes gegen Gott, steckt tief im Mark der Kirche selbst und tief im Herzen jedes Christen, so daß selbst „der Gerechte siebenmal am Tage fällt“ (Spr 24,16), das heißt sich sperrt gegen Gott und seine eigenen Wege geht.

Wer auch nur ein wenig die Geschichte des „christlichen“ Abendlandes studiert, wird überdeutlich feststellen können, wie sehr auch im Binnenraum einer christlichen Kultur immer wieder massiv die „Welt" durchbricht, so daß man Zweifel bekommen kann, ob ein solcher Binnenraum überhaupt erstrebenswert sei; denn in Exils-Situationen wirkt die Kirche gewöhnlich wesentlich glaubwürdiger und konsequenter.

Ein wenig überspitzt und paradox formuliert: das Mönchsleben gibt es, weil es die Sünde gibt; und das Mönchsleben gibt es so lange, wie es die Sünde gibt. Damit soll gesagt sein, daß das Mönchsleben eine provisorische Einrichtung ist, die darauf angelegt ist, sich selbst aufzuheben; eine Lebensform, die unnötig wäre und die unnötig werden wird, wenn es keine Sünde und keine Deckungs-Ungleichheit zwischen irdischem und himmlischem Reich mehr gibt. Wäre Israel kein widerspenstiges Geschlecht, das blind und taub ist gegenüber seinem Gott, dann müßte der Prophet nicht sein Wandergepäck schnüren, ein Loch durch die Wand brechen und vor den Augen seiner Volksgenossen durch dieses Loch hinaussteigen. Und wäre die Kirche einfachhin die Gemeinschaft der Heiligen; wäre die irdische Gemeinschaft der Menschen unzweideutig die Stadt Gottes, so müßten und dürften nicht Einzelne sich absondern, um draußen vor ihren Toren, „in der Wüste" (vgl. Ex 5, 3; Hebr. 13, 13 f) Gott ihr Opfer darzubringen. Für Christen ist Einsamkeit nie ein Ideal und ein letztes Ziel, sondern immer nur notwendiges Übel, vorläufiges Schicksal, Berufung zur Teilhabe an der Einsamkeit Christi, als Durchgangsstadium zum Ziel: zur Gemeinschaft der Heiligen im Schoß des dreifaltigen Gottes, zum unvorstellbaren Über-Maß der Kommunikation und Kommunion der Erlösten.

Aber solange dies noch nicht erreicht und noch nicht wahr ist, gibt es die Berufung des Propheten, sichtbar die Exils-Situation ins Bewußtsein zu bringen, die Unangepaßtheit, den Zustand des Noch-nicht-angekommen-Seins; gibt es die Berufung, in der Kirche, die sich müht, zusammen mit allen Menschen guten Willens dem Reich Gottes die Wege zu bereiten, das Mißtrauen gegen jede Art von billigem Optimismus wachzuhalten; sich mit seiner Sehnsucht nach *der* Stadt auszustrecken, die nicht von der Erde zum Himmel gebaut werden kann, sondern die vom Himmel herabkommen muß (vgl. Apk 21,2), als freies Geschenk und als reine Gnade*.

* Mein Mitbruder Georg hat beim Lesen des Manuskripts zu dieser Stelle angemerkt: „Das Mönchtum ist ein Provisorium, das sich selbst aufhebt, wenn das Reich Gottes wirklich ganz da ist: das ist richtig. Und doch, wird die Grundhaltung, die einzuüben uns dieses ‚Provisorium‘ lehren soll, nicht auch dann bleiben? Die Haltung des beständigen Aufbruchs, des ‚immer weiter‘, ‚immer mehr‘? Denn was ist die Vollendung? Das ganz gekommene Reich Gottes, so sagen wir, der ‚Besitz Gottes‘ zu seliger Anschauung und Liebe. Aber wir stellen uns das dann zu sehr nach dem Modell des ‚Besitzens‘, des ‚Habens‘ vor: Vollendung als vollendetes Wissen, Erkennen, Besitzen, Haben usw. – eine recht statische und eigentlich langweilige und deshalb falsche Vorstellung. Vollendung ist das Nahegekommensein des Geheimnisses Gottes, seiner Unbegreiflichkeit. Wir ‚besitzen‘ ihn ganz, indem wir uns immer mehr, immer weiter in ihn hinein loslassen, auf allen ‚Besitz‘ verzichtend. Ist also das jetzige ‚Provisorium‘ so weit von der ‚Vollendung‘ entfernt? In der Grundhaltung scheint mir das ganz und gar nicht der Fall zu sein. Wenn es uns um Gotteserfahrung geht, was ist die Vollendung dieser Erfahrung? Nicht die umfassende Kenntnis, das umfassende Wissen, sondern die Offenheit für immer neue Erfahrung! Das nie und nimmer endgültig Etabliert-Sein! Gott als ewiger Frühling, ewige Jugend, ewiger neuer Morgen …“

## *Die Erfahrung des Propheten als Grunderfahrung unserer Zeit*

Ist es nicht genau diese Wahrheit, auf die wir heute immer wieder ganz massiv gestoßen werden? Ist das nicht *die* Erfahrung, die sich uns Heutigen immer stärker, immer unbarmherziger aufdrängt, nach einer Phase des allzu naiven Fortschrittsoptimismus, in der wir geglaubt hatten, unsere Welt und wir selbst würden uns in geradliniger Evolution zu einer immer besseren Gesellschaft, zu immer mehr Gerechtigkeit, Harmonie, Frieden, Wohlstand, Glück hin bewegen? Spüren nicht gerade in unseren Wohlstandsländern die Menschen mehr denn je die Deckungs-Ungleichheit zwischen irdischem und himmlischem Reich?

Oder genauer: Ist das nicht der Grund ihrer Verzweiflung, ihres Überdrusses am Faktischen, ihrer Aggression gegen die bestehenden – und auch gegen die recht gut funktionierenden – politischen und wirtschaftlichen Systeme: daß sie sie gewogen und als zu leicht erfunden haben? Daß sie sich hoffnungslos an den Strand der diesseitigen Welt gespült fühlen und nicht imstande sind oder sein wollen, einen neuen Horizont zu sehen, weil sie, wie es in dem Zitat aus Ezechiel heißt, „Augen haben zu sehen und doch nicht sehen, und Ohren zu hören und doch nicht hören"? Sie sehen keinen Ausweg mehr aus dem irdischen Reich und können und wollen an kein himmlisches Reich mehr glauben.

Es ist eigenartig und beunruhigend, zu beobachten, daß es angesichts dieser Situation auch heute wieder

Zeichenhandlungen wie die des Ezechiel gibt; nur daß diejenigen, die sie aufführen, in der Regel aus Kirche und Religion ausgewandert sind, und daß zwischen dem Lebensgefühl, das *sie* darstellen, und der Botschaft der Kirche keinerlei Beziehung mehr besteht.

Da hat zum Beispiel während der „documenta" 1977 in Kassel ein gewisser Stuart Brisley zwei Wochen lang in einem Erdloch vegetiert und so lange „Überleben" demonstriert, bis er darüber das Zeitbewußtsein verlor. In Hamburg haust er in einem abgeschlossenen Zimmer, das nur mit einem flachen hölzernen Zelt und einem Stuhl ausgestattet ist. Der Boden ist mit nassem Sand bestreut, und mit nassem Sand sind die Tapeten und Fenster verschmiert. Durch Sehschlitze in zwei Türen kann man beobachten, wie Brisley in Blue jeans und grüner Jacke rituell auf dem Schemel sitzt, mechanisch um sich blickt, martialisch im Viereck geht und manchmal auch durch seine ebenfalls mit nassem Sand verschmierte Sonnenbrille den Betrachter rätselhaft fixiert: „face to face" nennt er diese „performance".

Und im „Squat Theatre" in New York ergeht unversehens an die Bewohner eines konventionellen Wohnzimmers aus dem Radio die Botschaft Ulrike Meinhofs, sie lebe seit ihrem Tod in einer zarten, disziplinierten und freien Gesellschaft, und sie rate den Erdbewohnern, sich umzubringen und ihren Tod publik zu machen. Aus der deutschen Terroristin ist da eine mythische Science-fiction-Figur geworden, ein Engel des „Intergalaxy 21 Revolutionskomitees", der die Selbsteuthanasie und die Frohe Botschaft von einer Idealgesellschaft im Jenseits verkündet. Ähnelt das nicht seltsam guten alten christlichen Jenseitsvorstellungen und ist zugleich verwirrend und hoffnungslos pervertiert?

Erschütternd für die Augenzeugen soll das achtzehn Meter lange Floß mit der „Mumie" gewesen sein, das Jörg Vauth im Sommer 1978 von Ludwigshafen den Rhein abwärts nach Rotterdam ins offene Meer lenkte, wo eine rituelle Verbrennung stattfand. Er wollte damit den Bürgern des Wirtschaftswunderlandes den alten Bußruf „Memento mori – Denke an den Tod!" in Erinnerung bringen.

Die Zeiten, da christliche Mönche und Bußprediger solcher Zeichenhandlungen fähig waren, sind inzwischen schon lange her. Und diese Prediger hatten damals mehr zu bieten als zynische, hoffnungslose Weltverachtung und eine morbide, letztlich ausweglose Selbstdarstellung. Ich nehme an, daß die Ziereremiten und Propheten der nachchristlichen Ära ganz wie seinerzeit derjenige des Mr. Hamilton nach Feierabend ins Wirtshaus gehen; nur daß sie von ihren Geldgebern deshalb nicht mehr entlassen werden. Dennoch sollten sie uns nachdenklich machen. Immerhin erfahren sie und stellen sie Grundsituationen und -fragen des Menschen dar, die den unsrigen und derjenigen des Propheten Ezechiel gar nicht so fremd sind, zu denen wir jedoch anscheinend allen Kontakt verloren haben. Vielleicht haben wir ihn verloren, weil wir uns nicht genügend auf die Wirklichkeit unseres eigenen Lebens einlassen?

## *Die Erfahrung des Propheten als Grunderfahrung des Ordenslebens*

In der Grundidee der Gelübde und der Lebensform von uns christlichen Mönchen und Ordensleuten steckt auch der Gedanke einer Zeichenhandlung: eines Verwiesenseins und Verweisens auf die noch ausstehende Wirklichkeit des Reiches Gottes. Armut, Ehelosigkeit und Gehorsam zu wählen, ist töricht und steht im Widerspruch zum Lebensstil der Welt und ihrer Ideale; nur haben wir diese Zuständlichkeiten derart formalisiert und stilisiert und damit abgeschwächt, daß sie anscheinend kaum noch etwas zu tun haben mit der wirklichen Armut, der wirklichen Einsamkeit und der wirklichen Unfreiheit der Menschen von heute. Ursprünglich sollten sie bedeuten, daß wir aus Berufung und aus Liebe zu Christus freiwillig eine Lebenssituation wählen, in die unfreiwillig sehr viele Menschen hineingesteckt sind, und daß wir vorleben, wie man darin als Liebender – oder sagen wir behutsamer: als ein auf die Liebe Ausgerichteter – in intensivster Weise sinnvoll leben und so diese Situation von innen her überwinden kann.

Die Art, in der wir leben, und der Geist, aus dem wir leben, müßten den Armen, den Einsamen, den Unfreien einiges zu sagen haben, ja müßten für sie eine erlösende und befreiende Wirkung haben. Diese Wirkung kann man allerdings nicht künstlich erzielen. Und relevante, aussagekräftige Zeichenhaftigkeit kann man nicht direkt konstruieren, sondern sie muß sich aus dem Leben wie von selbst ergeben. Aus diesem Grund will ich deshalb hier nicht weiter allzu große Desiderate und Imperative aussprechen. Ich will mich damit begnügen, aufzuspüren, daß auch in unserem konventionellen Ordensleben diese Grundbefindlichkeit doch eigentlich da ist; und daß der erste Schritt darin bestünde, diese Grundbefindlichkeit neu sehen, bewerten und akzeptieren zu lernen. Daraus ergäben sich nach und nach auch praktische Konsequenzen.

Haben nicht auch wir zuweilen den Eindruck, festgefahren zu sein, und daß es *so* nicht weitergehen könne? Daß wir bei weitem nicht *das* sind, was zu sein wir vorgeben? Sind wir nicht in Wirklichkeit verblüffend genau in der Situation des Propheten, der sein Bündel geschnürt und ein Loch in die Wand der Geborgenheit, des Selbstverständlichen, des Sicheren, des Eindeutigen einer geistlichen Berufung gebrochen hat und im Begriff ist, durchzusteigen? Sind wir nicht wie der Prophet: am Durchsteigen durch das Loch, eingeklemmt sogar in dieses Loch, mit einer zerbrochenen, zerbröselten Tradition und einer ungewissen Zukunft? Unser ganzes menschliches Gefühl (und das ist bei näherem Zusehen das Gefühl des „alten Menschen", des Schwerfälligen, des Romantikers, des Bequemen) sträubt sich dagegen, unser sogenannter gesunder Menschenverstand lehnt sich dagegen auf: das ist kein Leben, dieses Stecken im Loch zwischen Gestern und Morgen; das hält kein Mensch lange aus.

## *Last und Kreuz der Berufung: Pilger sein*

Tatsächlich, es stimmt: das ist kein Leben. Nur: das soll auch gar kein Leben sein, kein fester, sicherer, solider, behaglicher Stand. Das gerade ist ja die Last und das Kreuz der Berufung des Propheten: kein „normales", kein zufriedenes, kein ruhiges Leben führen zu dürfen, sondern Wanderer zu sein, Flüchtling, Pilger und Fremdling. Und das nicht nur irgendwie in einem theologischen Tiefsinn, über den sich ab und zu ein geistreicher Exerzitienvortrag anhören läßt, sondern spürbar, konkret, tagtäglich erfahrbar.

Die gewaltige Krise des Ordenslebens in den letzten Jahrzehnten war wie ein Wirbelwind, der alles zu sehr Etablierte, zu fest Konsolidierte, zu Sichere und zu Selbstverständliche zertrümmert und zerschlagen und uns geradezu gewaltsam diese Dimension unserer Berufung zu Bewußtsein gebracht hat. In der Zeit vor diesem Umbruch war es leichter zu singen: „Der Herr ist mir Zuflucht und Burg" – aber auch die Verwechslung und Selbsttäuschung war leichter, daß in Wirklichkeit doch nicht der *Herr* die Zuflucht und Burg war, sondern der Brauch und das Herkommen, der altehrwürdige Ritus und die unvordenklichen Gewohnheiten. So wurden wir einer Prüfung ausgesetzt, die nicht *uns* zerbrechen wollte, sondern diese Krusten und den Widerstand, den wir Gott geleistet haben und leisten: Gott wollte uns entreißen, was wir ihm eigentlich freiwillig hätten geben sollen.

Die Reaktion darauf war menschlich verständlich, aber enttäuschend: Sehr viele Ordensleute haben sich aus dieser Spannung und Zerreißprobe geflüchtet in neue „sichere" Positionen, Häuschen und Bunker außer- oder innerhalb ihrer Gemeinschaften, sind verzweifelt am Sinn des Ordenslebens und haben es aufgegeben, haben sich verbarrikadiert hinter alten Schanzen oder haben sich mit Kompromissen und Zugeständnissen abgefunden, die ihr Salz haben schal werden lassen.

In Wirklichkeit käme es darauf an, angesichts der Risse und Abgründe, die sich allenthalben in unseren Konzepten, Vorstellungen, Erwartungen und Gewohnheiten aufgetan haben; angesichts all dieser Erfahrungen des Vergeblichen, der scheinbar umsonst vergeudeten Energien, der anscheinend unlösbaren Probleme und Zustände nicht zu verbittern, aggressiv zu werden, davonzulaufen oder sich selbstmitleidig in Frustrationen und Resignation einzuigeln – sondern aus all diesen Erfahrungen etwas ganz Wesentliches über unsere Berufung neu zu lernen und anzunehmen: daß wir tatsächlich nicht am Ziel, sondern unterwegs sind.

Mehr noch: aus all diesen Rissen und Abgründen nicht die Hölle der Hoffnungslosigkeit, sondern den Schimmer des Kommenden herauszuspüren, das so groß und unfaßbar ist, daß es einfach alle unsere irdischen Kategorien und Systeme und Gebäude immer wieder zerbrechen, sprengen, zerstören muß, um uns weit zu machen.

## *Die Erfahrung, am Schicksal Christi teilzuhaben*

Ist das ein Appell an einen von keiner Erfahrung gedeckten Glauben, eine Aufforderung, sich das X eines Unglücks als das U des Glücks vorzumachen, ein unmenschlicher Anspruch, im Vakuum zu leben und zu atmen?

Aber es gibt sie doch, diese positive Erfahrung mitten *in* dieser Situation, sehr realistisch und wirklich und besser, als sie uns alle selbstveranstaltete Askese und Meditation vermitteln könnte: die Erfahrung, in den Zustand des irdischen Jesus selbst hineinversetzt zu sein, der doch gesagt hat, es werde dem Jünger nicht besser gehen als dem Meister, und ein wirklicher Jünger sei damit zufrieden, wenn es ihm wie seinem Meister gehe (vgl. Mt 10,24f). Wird nicht tatsächlich an uns wahr, daß wir in dieser Welt Häuser, Brüder, Schwestern finden, aber unter Verfolgungen und Bedrängnissen, wie es uns vorausgesagt ist (vgl. Mk 10,30); und daß uns damit wie Paulus die Fähigkeit und die Erfahrung angeboten wird, dem Tod geweiht zu sein, und doch zu leben; betrübt zu sein, und doch immer fröhlich; arm, und doch – oder gerade deshalb – viele beschenken zu können (vgl. 2 Kor 6,9–10)?

## *Den Verzicht nicht vorschnell überspielen*

In dieser paradoxen Lage sind wir wieder spontaner und ehrlicher fähig, zu rufen: „Komm, Herr Jesus, komm bald!" (Apk 22,20), und wir können dieses Kommen des Herrn tatsächlich als Erlösung, als Befreiung ersehnen und erfahren. Wenn alles in unserem Leben so gut, so harmonisch, so befriedigend ginge, wie wir es uns immer wieder erträumen: täten wir uns da nicht viel schwerer, aufrichtigen Herzens den Tag lieber heute als morgen herbeizuwünschen, an dem Christus kommt und sagt: „Jetzt laß all deine Werke und Unternehmungen und Pläne und Gewohnheiten, denn jetzt bin ich selbst da, und damit ist all das aufgehoben!"?

Die neue Informationsbroschüre eines Benediktinerklosters zeigt als Titelbild ein Foto, auf dem zwei junge Mönche lachend ein strahlendes Brautpaar beglückwünschen, und als Text steht darüber: „Das Klosterleben ist kein Verzicht, sondern eine Wahl. Unter vielen möglichen Freundschaften wählt man die Freundschaft Christi. Verzichtet man auf etwas? Nein! Man wählt alles!"

Das stimmt natürlich – zumal das Zitat von Teresa von Ávila stammt, einer Frau mit gesundem Sinn für die Wirklichkeit. Aber es stimmt auf der Ebene des Glaubens und nicht unbedingt auf der Ebene der alltäglichen praktischen Erfahrung. Und daher kann es irreführend und entmutigend sein. Es kann uns in die Rolle von Menschen drängen, die glücklich zu sein haben, weil sie schließlich Christus, und damit „alles" gewählt haben. Und wenn wir uns nicht glücklich fühlen, sind wir versucht zu glauben, es stimme etwas nicht mit unserer Gemeinschaft oder mit uns selbst; wir werden verwirrt und unzufrieden und sind enttäuscht, und wir nehmen diese Erfahrung des Unerfülltseins nicht positiv an als Bestandteil unseres Lebens und unserer Erfahrung.

### *Verzicht als radikales Sichoffenhalten*

Wie wäre es, wenn wir deshalb etwas weniger idealisierend, aber realistischer sagen würden: Doch, mit dem Klosterleben verzichtet man auf etwas. Und diesen Verzicht spürt man auch. Besitz, persönliche Freiheit, Ergänzung durch die Frau – das sind elementare Werte, sind Grundrechte des Menschen, und sie gehören normalerweise zur menschlichen Entfaltung. Wer sich dieser Grundrechte begibt, der merkt das auch zuweilen recht deutlich. Da entsteht eine Wunde, ein Hohlraum; da bleibt etwas unerfüllt. Und das wird nicht gleich und mühelos ausgefüllt oder gar über-erfüllt von der Liebe Christi und von geistlichen Erfahrungen.

Gewiß, wer Gott liebt, der nimmt das gern auf sich, und es mag ihm gehen wie in der Genesis dem Jakob, der dem Laban zweimal sieben Jahre als Knecht dienen mußte, bis er dessen schöne Tochter Rachel zur Frau erhielt, „und sie kamen ihm wie wenige Tage vor – so sehr hatte er sie lieb" (Gen 29,20). Aber alle Liebe kann nicht darüber hinwegtäuschen, daß die eigentliche Erfüllung noch aussteht; daß der Alltag gewöhnlich ein „Knechtsdienst" ist, und daß die Stunden, in denen man fröhlich mit der Klampfe an der Spitze einer lustigen Kinderschar durch blühende Wiesen zieht (mit diesem Foto wirbt eine Schwesternkongregation regelmäßig um Nachwuchs), doch die recht seltenen Stunden sind. Sagen wir es also allen von vornherein, daß wir ihnen im Mönchs- und Ordensleben kein warmes Nest bieten können, sondern nur ein Nomadenzelt, in dem es zeitweise ganz schön kalt und zugig sein kann.

Sagen wir es doch von vornherein, daß es nicht ungefährlich ist, sich auf Gott einzulassen, und daß es da Kämpfe im Dunkel zu bestehen gilt, aus denen man wie Jakob zwar gesegnet, aber zugleich auch angeschlagen und hinkend taumelt. Sagen wir es doch – uns selbst zuallererst, und dann den andern –, daß das Mönchsleben kein „normales", sondern ganz streng genommen eigentlich ein „unmögliches" Leben ist, ein ausgeliefertes, ein offenes, ein unerfülltes, weil auf den Kommenden hin ausgespanntes! Und dämpfen wir diesen Anspruch nicht allzusehr dadurch, daß wir es verharmlosen, indem wir uns die Armut, den Gehorsam, die Einsamkeit allzu bequem machen und ihren Anspruch allzusehr mildern, mit all den guten Vorwänden und Argumenten, die der erfinderische Geist unseres „alten Menschen" so rasch beizubringen vermag!

Ist es nicht praktisch so, daß viele sogenannte „Weltchristen" durch gesellschaftliche Abhängigkeiten, berufliche Notwendigkeiten und familiäre Verpflichtungen sehr viel stärker und konkreter vom Gehorsam angefordert und zur Selbstverleugnung angehalten werden, als es sich viele derjenigen, die öffentlich Gehorsam und Selbstverleugnung gelobt haben, voller Selbstmitleid und Widerwillen zumuten lassen? Wie öd, wie langweilig, wie banal und spannungslos sind viele Existenzen im Ordensleben geworden dank allzu vieler, sicher im einzelnen meist harmloser und unschuldiger Kompensationen und Ersatzbefriedigungen! Und wie verheerend kann dadurch aller tiefere Sinn, alle Dynamik und alle Kraft der Sehnsucht eingelullt und abgestumpft werden!

Ein Gedicht von Reiner Gödtel, das im Mai 1979 in der „Frankfurter Allgemeinen Zeitung" erschien, lautet:

So tun als brauche man keine
  Orientierungshilfe
so tun als brauche man niemand
der auf einen wartet
der sich freut
wenn man nach Hause kommt
so tun als habe man keine
  Depressionen
so tun als mache es nichts allein
  zu sein
so tun als brauche man sich nicht
  auszusprechen
als brauche man keine Liebe
  keine Kinder keine Familie

so tun als könne man sich lässig
entspannt
am Heiligen Abend auf einen
Hocker stellen
und die leere Wohnung tapezieren
ohne geheimes Verlangen.

Das könnte fast ein Programm für Zölibatäre und Ordensleute in diesem falschen, unechten Sinn sein: als sei ihre Aufgabe, so zu tun, als ob sie nichts brauchten von all dem, was ein reifer, gesunder Mensch mit normal entwickelter Sensibilität braucht. Natürlich brauchen sie es. Und natürlich ist es ein Trugschluß, wenn sie es sich dann offen oder insgeheim in Surrogatform doch nehmen und so die Spannung des Unerfülltseins und Wartens einfach aus ihrem Leben tilgen. Ihre Berufung ist es, in dieser Spannung zu leben. Es ist ein Mißverständnis, zu glauben, wir seien dazu berufen, ein Ideal als einfach schon erreicht vorzuleben, etwa das Ideal des „Gott allein genügt", oder das Ideal einer harmonischen Gemeinschaft, und „so zu tun, als ob" wir die glücklichsten Menschen der Welt seien.

Tatsächlich ist mir eine voll und ganz überzeugend geglückte Verwirklichung des Ideals vom Mönch, auf das hin wir ausgesprochen oder unausgesprochen als Novizen erzogen worden sind und unsere Novizen weiterhin erziehen, noch nicht begegnet: ein Mann, dem „Gott allein genügt", und der restlos seinen Frieden und seine Erfüllung darin findet, von Gebet, Meditation und geistlicher Lesung zu leben und ohne allzuviel Verantwortung irgendeine schlichte Arbeit zu tun. In der Praxis ist jeder ständig versucht, ein gut Stück seines Selbstwertgefühls und damit seines inneren Gleichgewichts aus der Hingabe an ein „Werk", eine Aufgabe, eine Arbeit zu beziehen, so objektiv unwichtig und vielleicht sogar – infolge der Beschränkung auf den kleinen Kreis des Klosters – schrebergärtnerisch sie in vielen Fällen auch sein mag. Daß das so ist, ist normal, und man sollte es nicht leugnen, überspielen, verdrängen oder mit Schuldgefühlen beladen, weil es der Idealvorstellung vom guten, glücklichen Mönch nicht entspricht. Der gute Mönch dürfte in Wirklichkeit derjenige sein, der dieses Bedürfnis spürt und anerkennt, aber – im Maß der ihm verliehenen Kraft des Glaubens und Liebens – offenhält und nicht ganz zu erfüllen sucht.

Es geht also tatsächlich darum, daß wir die Prinzipien eines nur innerweltlich konzipierten Idealzustands psychischer Ausgeglichen- und Zufriedenheit ein Stück weit durchbrechen auf ein bewußt ertragenes Unerfülltsein hin. So wollen wir voll und bewußt die Wirklichkeit des menschlichen Daseins leben, des Menschseins als eines Pilgerdaseins auf dem Weg zu Gott, des Menschseins als eines Daseins im Suchen, Fragen und Ringen, des Menschseins als eines Lebens im Aus-stand, im Warten auf das Kommen Gottes. Das setzt ein gesundes Maß an psychischer Reife voraus, und das darf nicht überspannt werden, weil es dem Vorstoß in ein Niemandsland gleicht, in dem man verhungern und zugrunde gehen kann, wenn man sich leichtfertig oder ehrgeizig zu weit hinauswagt.

*Verzicht in unserer Zeit*

Unsere Verzichte sollten diese Offenheit fördern; sie sollten deutlich machen, daß uns nichts anderes befriedigen kann als Gott und daß wir uns durch keine vorübergehenden Befriedigungen den Hunger und Durst nach dieser einen und einzigen wesentlichen Befriedigung mäßigen lassen wollen. Würden wir uns darauf intensiver einlassen, gerade als Menschen einer Wohlstandsgesellschaft, die sich durchaus vieles leisten könnten, dann kämen wir vermutlich den Fragestellungen der oben als Beispiel genannten modernen „Propheten" sehr viel näher und hätten etwas Wesentliches dazu beizutragen.

Allem Anschein nach lernt die Menschheit derzeit von allein die bittere Lektion, daß sie den Frieden, ein irdisches Paradies und einen tragenden Lebenssinn aus eigenen Kräften nicht zu schaffen imstande ist. Und just zur gleichen Zeit scheinen wir Christen dabei, die – zweifellos richtige – Einsicht, man dürfe die Seligpreisungen der Bergpredigt nicht dazu mißbrauchen, die Armen in ihrer Armut zu lassen und auf ein besseres Jenseits zu vertrösten, derart eifrig zu beherzigen, daß wir übersehen, wie in der Bergpredigt eben *doch* die Armut, die freiwillig gewählte oder aus Liebe getragene Armut, als der bevorzugte Ort der Gotteserfahrung angegeben wird.

Ist uns der Instinkt der Heiligen aller Jahrhunderte verlorengegangen, der sie mit geradezu unvernünftiger Leidenschaft immer wieder die Armut, die Entbehrung, die Mühsal suchen ließ, weil sie sich dort

Gott am nächsten wußten und ihn auch tatsächlich darin gefunden haben? Verstehen wir noch den Wüstenvater, der zu seinen Brüdern gesagt hat: „Sind wir nicht wegen der Mühe an diesen Ort gekommen? Und nun bereitet er keine Mühe mehr! Ich habe meinen Mantel hergerichtet und gehe dahin, wo Mühe ist, und dort finde ich Ruhe!"? Machen sich die Menschen der westlichen Welt genügend Gedanken darüber, daß sie den Ländern der Dritten Welt mit ihren wirtschaftlichen Errungenschaften auch ihre Langeweile, ihren Lebensüberdruß und ihre Selbstmordraten importieren? Und daß es deshalb unverantwortlich ist, ihnen unsere eigene Kultur oder Unkultur als ein befreiendes und erlösendes Evangelium vorzugaukeln, statt ihnen deutlich zu sagen: wir stecken selbst in einer Sackgasse und spüren überdeutlich, daß Sinn und Erfüllung des menschlichen Lebens in einer ganz anderen Richtung zu suchen sind?

Wenn der weltweite Feldzug gegen die materielle Armut nicht einhergeht mit einem neuen Aufbruch des Ideals der geistlichen Armut, führt er in eine geradezu höllische Form der Armut, die bar jeder Hoffnung und Zukunft ist. Das ist die Problematik, die uns Mönchen und Ordensleuten auf den Nägeln brennen und uns zu einem konsequenten Lebensstil herausfordern muß, ja die alle Christen beunruhigen muß. Unlängst schrieb Manfred Mezger in der Zeitschrift „Radius": „‚Du mußt so leben, daß er (Jesus) jeden Tag kommen könnte.' Aber die das sagen, sehen gar nicht darnach aus. Kriegt man mit ihnen zu tun, so merkt man bald: Sie schreiben ihren Aufsatz nicht schöner, sie erziehen ihre Kinder nicht besser, sie nehmen's mit der Wahrheit nicht genauer als andere Leute. Sieht man gar, wie komfortabel sie ihr Leben einrichten, so weiß man: Gar so bald wird Jesus nicht kommen; heute bestimmt nicht; morgen vielleicht."

## *Leben zwischen der gegenwärtigen und der zukünftigen Wirklichkeit*

Der unvoreingenommene Zeitgenosse, der in seinem Urlaub an einem Benediktiner-, Zisterzienser- oder Kartäuserkloster vorbeikommt, wird kaum den spontanen Eindruck haben, hier hätten einige Arme Christi ihre provisorische Unterkunft aufgeschlagen, bis der Herr wiederkommt. Tatsächlich stammt der Grundbauplan aller herkömmlichen Klöster, der seit über tausend Jahren maßgeblich ist, aus einer Zeit, in der die Klöster als Abbild und Vorgeschmack der himmlischen Stadt Jerusalem verstanden wurden: als Inseln des schon angebrochenen Reiches Gottes. Was die Christenheit lebendig hält, ist aber zu allen Zeiten die Spannung zwischen dem tatsächlichen „schon da" und dem „noch nicht (ganz und offen) da" des Reiches Gottes. Es hat seinen Sinn, seine Notwendigkeit und seine erhabene Größe, das „schon da" vorzuleben. Aber es scheint, daß wir heute, ohne diesen Aspekt aufgeben und damit die Spannung auflösen zu dürfen, stärker den Aspekt des „noch nicht da" wahrhaben und zum Gestaltungsprinzip unseres Lebens machen sollten. Darauf stoßen uns ganz einfach die Situation der Welt, der Kirche und unserer eigenen Gemeinschaften.

Was heißt das praktisch? Das heißt zunächst einmal, daß wir die Erfahrung, in Krisen und Problemen zu leben, positiv als Wesensbestandteil unserer Berufung annehmen sollten. Wir sollten sie nicht als Störfaktor und Nichtseinsollendes verdrängen und beklagen und uns von ihr lähmen lassen, sondern sie – paradoxerweise – als Quelle unserer Kraft und Inspiration betrachten: was uns wundreibt, hält uns wach. Es erinnert uns unablässig daran, daß unser Mönchsleben im Grunde ein unmögliches Leben ist, ein Leben auf der Grenze zwischen dem, was ist, und dem, was sein sollte. In Reinkultur ist es praktisch gar nicht lebbar, denn man kann nicht lange zwischen Himmel und Erde hängen, ohne umzukommen. Es ist und bleibt ein paradoxes Leben: sich auf Dauer in etwas nicht Dauerndem einzurichten ist eine unlösbare Aufgabe.

Aber wir können es so gestalten, daß wir das Provisorium nie ganz verlassen und uns nie definitiv etablieren. Es kann in unserem Mönchsleben nicht bei dem einen und einzigen Schritt „heraus aus der Welt" bleiben, den wir bei unserem Klostereintritt oder bei unserer Profeß getan haben. Wir dürfen nicht, erst einmal im Kloster „drin", praktisch unseren Lebenszweck darin sehen, für den Gemüsegarten, das Archiv, die Käsefabrikation oder die Schule unseres Klosters dazusein, diese Unternehmen auszubauen und daneben noch ein ansehnliches Gebets- und Gottesdienstprogramm zu erfüllen. Sonst wird das Kloster eher zum Beweis dafür, daß „Gott allein" doch nicht genügt, und zur Mustersammlung der vielfältigsten Beispiele und Möglichkeiten der Kompensation für die Verzichte, die sich aus den Gelübden ergeben. Es wird dann zum geschlossenen System, das in sich selbst läuft und praktisch alle Energie für die innerklösterlichen Aktivitäten absorbiert, statt die Mönche in eine Haltung der Offenheit und Bereitschaft für den Kommenden zu versetzen.

Thomas Merton hat einmal zwei Fragen formuliert, die auch in diesem Zusammenhang hilfreich sein könnten, zur Prüfung unser selbst, woraufhin und wofür wir *praktisch* leben (in der *Theorie* haben wir natürlich immer hohe und höchste Motive zur Hand). Wenn du wissen willst, wer ich bin, so sagt er, dann frage mich: Wofür lebst du, ganz konkret, hier und heute in deinem Alltag? Und: Was, denkst du, hält dich davon ab, voll und ganz für das zu leben, wofür du leben möchtest?

### *Die Erfahrung aller: Grenzgänger zu sein*

Ich denke, diese Erwägungen über das Mönchsleben sind bei näherem Zusehen Erwägungen über eine Grunderfahrung jedes christlichen, ja jedes ernsthaften menschlichen Lebens, und deshalb sind sie vielleicht auch für solche, die nicht zum ausdrücklichen Mönchsleben berufen sind, von Interesse. Ich darf dankbar sagen, daß ich zum Mönchsleben berufen worden bin und bis zur Stunde gern und mit Spannung darin lebe. Deshalb habe ich alles aus der Sicht eines Mönchs formuliert, weil das eben diejenige ist, die ich am besten und gründlichsten kenne, und weil ich meine, daß ich aus dieser Sicht am ehesten ein bißchen etwas sagen kann. Aber es ist nichts exklusiv „Mönchisches". Ich habe im Gegenteil den Eindruck, daß viele Menschen die Erfahrungen und Werte, von denen hier die Rede ist, intensiver und hautnaher kennen als die Mönche selbst. Es scheint sogar in zunehmendem Maß solche zu geben, die ganz ausdrücklich zu einer Existenz als „Grenzgänger" berufen sind, zu einem Leben *zwischen* den festen, klar umschriebenen Formen in einer Ordensgemeinschaft oder in einem „weltlichen" Beruf.

Doch wo immer wir auch leben mögen: Sind wir nicht alle wie solche, die ihr Bündel geschnürt haben und im Loch in der Wand stecken, durch das es zu steigen gilt? Ständig im Aufbruch (oder im Aufgebrochenwerden), beheimatet in der Unrast, immer wieder uns versuchend und verirrend in Lösungen, die keine Lösungen sind? Unser Glaube sagt uns – und läßt uns erfahren –, daß wir *in* dieser paradoxen Situation einer echten und tiefen Freude begegnen können, auch wenn diese Freude sich nicht immer oder selten nur in hellem Jubel und unbeschwerter Heiterkeit äußern mag.

Diese Freude ist anders als die Freude des „Sisyphus" bei Camus, der den Frieden in der Ergebung ins Absurde und in der Zelebration des Sinnlosen sucht und anscheinend findet. Diese Freude lebt aus dem geheimnisvollen Einssein mit *dem*, der in seinen irdischen Tagen „mit lautem Schreien und unter Tränen Bitten und Flehrufe dargebracht" (Hebr 5,7) und als erster zwischen Himmel und Erde gehangen hat, nicht als romantisches Bild, sondern als Zeichen für unsere wirkliche Lage.

# 2

# Leer werden für Gott

## *Ergriffen vom unbekannten Gott*

Wenn ein Mönch von sich selbst spricht, ist das inkonsequent, ja widersinnig. Er ist nichts und er hat nichts und er tut nichts, was der Rede wert wäre. Je tiefer er im Laufe der Jahre vom Geheimnis seiner Berufung erfaßt wird, desto weniger kann er darüber sagen. Er kann im Grunde sinnvollerweise nur von Gott und von Jesus Christus sprechen, der ihm alles genommen hat und ihn nicht in Ruhe läßt. Aber auch das Reden über Gott fällt ihm schwer, denn er erfährt sehr viel intensiver, wo Gott für ihn überall *nicht* ist, als wo er für ihn *da* ist. Er kann mit Ijob sagen: „Geh ich nach Osten, so ist er nicht da; nach Westen, so merke ich ihn nicht; nach Norden, sein Tun erblicke ich nicht; bieg' ich nach Süden, sehe ich ihn nicht" (Ijob 23, 8–9). Seine Bilder und Konzepte und Erfahrungen von Gott zerrinnen ihm eines um das andere, oder sie werden ihm gewaltsam zerschlagen, und am Ende weiß er vielleicht nur mehr, wer und wie Gott *nicht* ist. Und doch bedrängt ihn dieser Abwesende, dieser Unbekannte, und er kommt nicht los von ihm, wie Jeremia, der geklagt hat: „Sagte ich: ‚Ich will nicht mehr an ihn denken und nicht mehr in seinem Namen sprechen', so war es mir, als brenne in meinem Herzen Feuer, eingeschlossen in meinem Innern. Ich quälte mich, es auszuhalten, und konnte es nicht" (Jer 20,9).

In der Spiritualität und Theologie unserer Zeit spielt die Einsicht und die Erfahrung eine große Rolle, daß Gott und Welt („Welt" im Sinne von Schöpfung und von vorgefundener Wirklichkeit) nicht im Gegensatz zueinander stehen. Trotz des gebrochenen Verhältnisses von Gott und Welt sei Gott in der Tiefe und auf den Höhen der Welt zu finden. Folglich bedürfe es nicht einer Abkehr von der Welt, um zu Gott zu kommen; vielmehr solle sich der Mensch mit seinem Hunger und Durst nach Gott im Glauben der Welt zuwenden, und dort, im Herzen der Welt, werde er seinen Gott finden.

Die Grunderfahrung des Mönches ist anders. Er braucht die Welt gar nicht zu verlassen, geschweige denn braucht er sie zu verachten: die Welt verläßt *ihn*, so wie sie den Ijob verlassen hat, als ihm all seine irdischen Güter und Sicherheiten, über die er ja durchaus in Unschuld und Gottesfurcht verfügt hatte, zusammengebrochen sind.

Gott ist für den Mönch der ganz Andere, der Unbegreifliche, zuzeiten sogar der Bedrohliche.

Der Mönch hat, um mit Paulus zu sprechen, noch nichts erreicht und ist noch nicht vollendet. Aber alles, was ihm einmal als positiver Wert, als Gewinn vorgekommen war, ist ihm zum Verlust geworden. Er ist von Christus ergriffen, und er strebt danach, die neue, eigentliche Wirklichkeit und Fülle seines Lebens zu ergreifen, aber er hat sie noch nicht ergriffen (vgl. Phil 3,7.12–13). Er hängt zwischen Himmel und Erde, hat den Himmel noch nicht erreicht und ist auf der Erde nicht mehr daheim. Er siedelt in einem Gelände, das sich nicht zum Siedeln eignet. Er steckt zwischen lauter Widersprüchen. Sie hindern ihn daran, sich selbst und, was noch wichtiger ist, seine Vorstellung von Gott irgendwo festzusetzen. Jedes Gottesbild, das ein Produkt von Wunschvorstellungen und Projektionen sein könnte, soll ihm gründlich ausgetrieben werden. Er findet Gott nicht in der Verlängerung und Vertiefung seiner Freuden, und er findet Gott nicht in der Verlängerung und Vertiefung seiner Ängste.

## *„Leersein für Gott"*

Der Außenstehende und der Anfänger ist geneigt, das Mönchsleben als ein friedliches, behütetes, vielleicht sogar etwas künstliches Dasein aufzufassen, in dem man sehr viel Zeit und Muße hat, sich dem geistlichen Leben zu widmen, der Meditation und dem Gebet; als ein sakrales Milieu, dem der gregorianische Choral und eine gepflegte Liturgie seine Weihe und Würde geben. Das ist es natürlich auch ein Stück weit. Und der Anfänger, dem die „Freuden der Welt" nicht gehaltvoll genug schienen, wird erwarten, daß er nun hier einen gehaltvollen, erfüllenden Stoff und Inhalt für sein Leben finden wird. Er hat mehr oder weniger deutlich ein bestimmtes Ideal vom „kontemplativen Mönch" im Sinn, der mit und für Gott allein in einer harmonischen Gemeinschaft Gleichgesinnter lebt. Und dieses Ideal wird bestätigt von zahllosen Texten aus einer langen Tradition: Mönchsein heißt „vacare Deo", „frei sein, Ferien haben für Gott" – um nur eine der beliebtesten Formulierungen aus der Überlieferung zu zitieren.

Aber diese zu naive Vorstellung gerät früher oder später bei jedem, der sich auf das Mönchsleben einläßt, in eine fundamentale Krise. Er muß erfahren, daß weder das „Freisein" so leicht ist, wie er es sich vorgestellt hatte, noch daß „Gott" so rasch und in der Weise zur Stelle ist, wie er es erwartet hatte. Vielleicht hat er gemeint, er werde schnell im geistlichen Leben vorankommen, wenn er nur erst einmal für seine Frömmigkeitsübungen, für sein Lesen und Meditieren genügend Zeit und Raum und eine günstigere Umwelt haben werde. Was er in Wirklichkeit erlebt, sieht wie ein Rückschlag aus: er findet sich in einem Spannungsfeld wieder, in dem seine ganzen bisherigen Vorstellungen fragwürdig werden. Womöglich muß er sogar erleben, daß sein ganzes bisheriges „geistliches Leben" wie eine Seifenblase platzt. Liturgie, privates Gebet, Meditation bringen ihm nicht die Früchte, die er erwartet hatte – im Gegenteil: seine Erfahrungen damit vertrocknen buchstäblich. Und überall tauchen unvermutet Spannungen auf. Ist er ein Mensch, der einen starken Zug zur Einsamkeit verspürt, so empfindet er das ständige Angefordertsein durch die Gemeinschaft hart. Neigt er spontan zur Gemeinschaft, so spürt er die Last der Einsamkeit um so stärker. Zu solchen und ähnlichen Spannungen kommt die schmerzliche Erfahrung, daß seine Mitbrüder so furchtbar gewöhnliche, schwache, inkonsequente Menschen sind. Und dann muß er schließlich erfahren, daß er *selbst* genauso ist. Er, der sich aufgemacht hatte, Gott zu suchen, findet nicht den Gott, den er erwartet hatte, sondern er findet sich selbst und seine Brüder mit ihrer ganzen Blöße und Armut. Am Ende fragt er sich vielleicht verzweifelt, ob er am rechten Platz ist, was das Ganze für einen Sinn haben soll oder was er denn falsch gemacht haben könnte.

In Wirklichkeit ist diese Entwicklung normal und die einzig richtige. Der Mönch wird sozusagen systematisch an einen Nullpunkt geführt. Die Formel „vacare Deo", „Leersein für Gott", enthüllt ihren hintergründigeren Sinn: der Mönch soll buchstäblich „ausgehöhlt", „leergemacht", „zunichte" werden vor und für Gott. Er muß lernen, alle seine Konzepte und Erwartungen fahren zu lassen. Das ist unerläßlich, denn sonst würde er sich rasch und unmerklich und mit einem subtilen, heimtückischen Stolz in die Schein-Rolle eines geistlich erfahrenen Menschen versetzen. Er würde vielleicht der Illusion verfallen, das Kloster sei eine Art christlicher Freizeitklub, in dem es darum geht, seine Freude an Gott mit immer neuen Mitteln lebendig zu halten – und dank des heutigen reichen Marktangebots an Meditationen, Gedanken und geistlichen Anregungen jeder Art würde ihm der Stoff sicher nie ausgehen. Wahrscheinlich würde er auch selbst bald solchen Stoff produzieren. Oder er könnte sich die Rolle eines liturgischen Funktionärs zu eigen machen, eines kirchlich approbierten

Vor- und Fürbittbeters, der seinen „Chor-Dienst" womöglich so ähnlich versieht, wie ein Beamter seinen Dienst tut, mit bezahltem Jahresurlaub vielleicht und mit dem Recht auf angemessene Freizeit. Zu dieser Auffassung kann eine gewisse Rollenerwartung von seiten der andern verführen, die heute freilich etwas schwächer geworden ist: die Kontemplativen wurden sozusagen als Spezialarbeiter in einem Gebets-Kraftwerk betrachtet, das die ganze Kirche über unterirdische Leitungen mit Gnadenstrom versorgt. Und dann wurden sie womöglich noch mit den zehn Gerechten verglichen, um derentwillen Gott von der Vernichtung des Sodom und Gomorrha dieser Welt absieht. Aber diese Gerechten gab es zur Zeit Abrahams nicht, und es gibt sie auch heute nicht. Jedenfalls gehören die Mönche nicht zu ihnen: das müssen sie sehr deutlich erfahren.

## *Hineingenommen in das Leiden und Sterben Christi*

Aber wenn dem Mönch sein selbstentworfenes Konzept verdorben wird, wenn ihm Gott immer unbegreiflicher wird und sich immer mehr von ihm entfernt, dann geht ihm hoffentlich auf, daß diese Enttäuschung etwas mit dem Schicksal seines Herrn und Meisters zu tun hat, in dessen Nachfolge er sich mit einer gewissen Naivität begeben hatte – denn er hatte nicht wirklich ahnen können, welche Konsequenzen das haben würde. Ich habe diesen letzten

Satz etwas sarkastisch formuliert, weil er *die* Klippe in der geistlichen Entwicklung des Christen überhaupt beschreibt, an der sehr viele scheitern, oder an der sie zumindest hängenbleiben, in einer befremdlichen Inkonsequenz gegenüber dem, was sie theoretisch sich selbst und andern nach allen Regeln der Kunst gepredigt haben. Man muß immer wieder staunen, wie leicht uns allen die Worte von der Nachfolge, vom Kreuztragen, vom Mitgekreuzigtwerden mit Christus von der Zunge gehen – und wie wir dann in Selbstmitleid zerfließen, wenn wir beim Wort genommen werden. Wir tun dann, als hätten wir absolut nicht geahnt, daß mit dem Leiden, von dem wir so oft gesprochen haben, *tatsächlich Leiden* gemeint gewesen war, und mit dem Sterben *tatsächlich Sterben.* Wir rechnen zwar durchaus damit, daß irgend etwas auf dem Weg schwierig werden oder ein bißchen weh tun könnte, aber wir erwarten, daß uns zugleich, wenn nicht eine visio beatifica, so doch irgend etwas Ähnliches zuteil wird, so daß alles nicht allzu tragisch werden kann.

Statt daß der Mönch also schöne „Erfahrungen" macht und ein Leben lang in Muße kultiviert, mehr oder weniger zu seiner geistlichen Selbstbestätigung, wird er von Gott mit seiner ganzen Existenz in einen wirklichen Sterbeprozeß verwickelt, der das völlig unsentimentale und nüchterne Hineingenommen-Werden in den Prozeß des Schicksals Jesu Christi selbst bedeutet. Je mehr sein Lebensschicksal mit dem Schicksal Christi identisch wird, desto weniger „sieht" und „erfährt" und „erlebt" er, weil diese Identifikation ihrem Wesen nach nicht ein objektivierbarer Gegenstand ist, den man vor sich hinstellen und betrachten kann.

### *Der Weg in die Wüste der menschlichen Wirklichkeit*

Wenn der Mönch erlebt, daß sein Bild von Gott zunichte wird, dann erfährt er das, was auch bei Jesus Christus geschehen ist: in seinem Ende, das nach allem menschlichen Ermessen ein Scheitern war, hat er die Heiligkeit Gottes in einem scheinbaren Widerspruch zu ihr selbst offenbart. Die Offenbarung Gottes in Jesus Christus war die völlige Verneinung aller menschlichen Begriffe von Heiligkeit und Vollkommenheit, jener Begriffe, die die Menschen im Kopf hatten und haben, die unter dem Kreuz schreien: „Wenn du Gottes Sohn bist, hilf dir selbst und steig herab vom Kreuz! ... Er soll vom Kreuz herabsteigen, und wir werden an ihn glauben" (Mt 27,40.42).

Diese Worte sind der Nachhall der Stimme des Versuchers in der Wüste: „Wenn du Gottes Sohn bist, so befiehl, daß aus diesen Steinen Brot wird, ... so stürz dich hinab, ... so nimm alle Reiche der Welt und ihre Pracht!" (vgl. Mt 4,1–11). Christus hat sich dieser abgrundtiefen, ewigen Versuchung des Menschen gestellt, in der Wüste und am Kreuz: der Versuchung zu einer menschlichen, zu einer Pseudo-Göttlichkeit; der Versuchung, sich zum Gott nach dem Bild und Gleichnis des Menschen zu machen. Aber der Weg des

Menschen zu Gott führt nicht über die Möglichkeiten, die der Teufel Christus in der Wüste anbietet. Dostojewski hat in seinem „Großinquisitor" die drei Vorschläge des Teufels gedeutet als die Versuchungen zum Wunder, zum Mysterium und zur Macht – und das sind die wesentlichen Elemente der Selbstvergötzung, der Scheinexistenz und letzten Endes der Selbstzerstörung.

Christus dagegen hat den einzig möglichen Weg zu Gott gewiesen: das radikale Ja zu unserem Menschsein mit seiner wesentlichen Armut, seiner Nüchternheit und seiner Ohnmacht, mit seinem Ausgeliefertsein an den Tod. Deshalb ist der Christ in den Tod Christi hinein getauft, in sein Versuchtwerden, in seinen Abstieg zur Hölle, in seinen Zustand der äußersten Empfindsamkeit und Verwundbarkeit durch die Erbärmlichkeit, Ausweglosigkeit und Not des Menschseins. Der Mönch, der scheinbar „die Welt verläßt", stößt in der Wüste, in die ihn sein Lebensstil versetzt, auf diese Konsequenzen seiner Taufe, die ihn mehr und intensiver denn je mit der „Welt" konfrontieren. Was er verläßt, ist in Wirklichkeit nicht die „Welt" – denn er ist selbst durch und durch „Welt" –, sondern das sind bestimmte Konventionen und Möglichkeiten, die ihm normalerweise die „Welt" anbietet, ja aufdrängt, um in Falschheit, Illusion, Zerstreuung und Selbstentfremdung auf der Flucht vor diesen Konsequenzen zu leben.

Als der Mönchsvater Antonius im 4. Jahrhundert in die Wüste gegangen ist, wurde er intensiver als jeder andere mit den Dämonen des Heidentums seiner Zeit konfrontiert, und er hat sie stellvertretend für die ganze Kirche besiegt. Wenn ein Mönch heute in die Wüste getrieben wird, ist zu erwarten, daß er auf die Dämonen unseres Zeitalters stößt. Franz Kafka hat einmal notiert: „Bleib bei deinem Tisch und horche. Horche nicht einmal, warte nur. Warte nicht einmal, sei völlig still und allein. Anbieten wird sich dir die Welt zur Entlarvung, sie kann nicht anders, verzückt wird sie sich von dir winden." Korrigieren würde ich an diesem Zitat nur, daß der Einsame nicht objektiver, unbeteiligter Zuschauer bei dieser Entlarvung der Welt ist, sondern daß er selbst dabei bloßgestellt wird, als bis in die tiefsten Schichten seines Wesens hinein Infizierter. Thomas Merton schreibt: „Das ist der wichtigste Dienst des Mönches für die Welt: dieses Schweigen, dieses Hören, dieses fragende Suchen, dieses demütige und mutige Sich-dem-Aussetzen, was der Welt über sich unbekannt ist – sowohl dem Guten wie dem Bösen."

Es wäre gefährlich, auf eigene Faust zu dieser Expedition loszuziehen. Christus hat uns den Weg in die Wüste vorgespurt, und weil wir in ihm sind und uns von seinem Wort und Sakrament nähren, können wir uns hineinwagen, besser: können wir uns hineintreiben lassen, ohne zu verzweifeln oder die Hoffnung zu verlieren und im Stumpfsinn oder im Nihilismus zu enden. Wir können es nach und nach ertragen, zur Furcht, zur Hilflosigkeit, zur Einsamkeit, zur Absonderung im unbegreiflichen Gott berufen zu sein, zum Mittragen der Gottesferne unserer Zeit, zur Entäußerung Christi, zur Teilnahme an seinem erlösenden Tod.

Und wir glauben, daß dieses Eingehen in Christi Schicksal eine universale „therapeutische“ Wirkung hat und der Kirche, und durch sie der Welt, den Weg aus der Versklavung an Blindheit und Unwahrhaftigkeit bahnt, aus der Unterwerfung unter ein falsches, „dämonisches“ (individuelles und kollektives) Selbst- und Gottesbildnis.

## *Ein zu „weltliches“ Gottesbild und seine bequemen Konsequenzen*

Der Auszug der ersten Mönche in die Wüste zur Zeit der konstantinischen Wende fand statt, als die Kirche einen Kompromiß mit dem Versucher schloß; als sie nach dem Besitz, dem Prunk und der Macht gegriffen hat, die der Versucher ihr durch den Staat angeboten hat. Das Bild der Gläubigen von Gott und Gottes Reich hat sich entsprechend verändert: der Transzendente, mit dessen Kommen man jeden Augenblick rechnen mußte, so daß es sich nicht lohnte, sich irgendwo zu etablieren, wurde zum byzantinischen Weltherrscher, und höfischer Kult und Prunk, schimmerndes Gold, Reichtum und Macht wurden als adäquate Symbole und Gleichnisse für Gott betrachtet. In seiner verarmten, säkularisierten Gestalt wirkt dieses vermenschlichte Konzept von Gott bis heute nach. Gott gilt weithin als die unendliche Verlängerung irdischen Wohlstands und Glücks in all seinen irgend erdenklichen Formen. Die praktische Folge ist ein christlicher Lebensstil ohne großes Risiko: die

Hoffnung auf Christus bleibt eine Zutat zur „Selbstverwirklichung" und zu den voll ausgeschöpften Lebensmöglichkeiten, die man nach genau den gleichen Grundsätzen sucht und realisiert wie diejenigen, die nicht an Christus glauben. Und wäre Christus nicht auferweckt worden, dann wäre es beileibe nicht so tragisch, wie es Paulus seinerzeit gemeint hatte (vgl. 1 Kor 15, 19): denn dann hätten wir eben vom Leben genausoviel und genausowenig gehabt wie alle andern Menschen auch. Wen wundert es, wenn dieser Gott der Christen einer zunehmend größeren Zahl unserer Zeitgenossen recht entbehrlich vorkommt? Er ist zur Garnierung, zur Liebhaberei für religiös veranlagte Typen degradiert worden, zum Hobby, das wertvolle Möglichkeiten zur Zelebration erfüllten, voll ausgekosteten Menschseins bieten kann.

*Ein* Sinn des Mönchslebens heute könnte darin bestehen, daß es dieses falsche Bild von Gott im Namen Jesu Christi schweigend und existentiell in Frage stellt. Die Mönche sind dazu berufen, auf bestimmte bequeme Gewohnheiten zu verzichten, auf eine anerkannt nützliche Rolle in der Welt, auf eine respektable Karriere. Sie sollen gar nicht erst versuchen, „jemand zu sein", und sei es in der Kirche. Statt vor Frustrationen, vor ihrer eigenen Armut und Nichtigkeit, vor Kreuz und Tod zu fliehen oder diese Realitäten nur dann als unvermeidlich hinzunehmen, wenn sie ihnen auf keine Weise mehr entkommen können, sollen sie mit und in Christus in Freiheit darauf zugehen.

## *Das Kloster, Ort nüchterner Selbsterkenntnis*

Ein Kloster, und sei es ein noch so strenges, ist nicht einfach der Ort, wo man diesen Anspruch wirklich in letzter Konsequenz *erfüllt.* Man kommt ihm natürlich in einer gewissen äußeren Schicht nach, indem man auf die Ehe, auf eigenen Besitz und auf sehr viel Selbständigkeit verzichtet. Aber das bleibt relativ oberflächlich und muß nicht unbedingt an den Nerv gehen. Zuweilen kann es sogar ganz bequem sein. Doch auch im Kloster findet der Mönch wieder ein bestimmtes System und gruppendynamische Beziehungen, die immer wieder dazu tendieren, sich nach ganz analogen Spielregeln zu gestalten wie in der Gesellschaft „draußen". Folglich bieten sich praktisch wieder bestimmte (fromme) Rollenerwartungen und Macht- und Leistungsmöglichkeiten an, und man kann sich durch bloße äußere Anpassung oder Leistungen wiederum eine illusorische Selbstbestätigung verschaffen. Im allgemeinen sind die Mönche äußerst erfinderisch für Arbeiten, Aktionen und mehr oder weniger fromme Betriebsamkeiten aller Art, die diesem Zweck dienen. Immerhin hat das Kloster den Vorteil, daß man dort besonders deutlich spürt, nach welchen ganz anderen Maßstäben man sich verhalten *müßte* und es inkonsequenterweise nicht tut. Der Wegfall sehr vieler der allgemein üblichen Möglichkeiten zur Kompensation der eigenen Leere wirkt entlarvend, und wer vor seiner eigentlichen Berufung flieht, ist leichter zu durchschauen, von den andern und auch von sich selbst. Wenn ein Mönch anfängt, seine ganze Leidenschaft und Energie in irgendeine offensichtlich belanglose Tätigkeit zu investieren, wirkt er schnell lächerlich, und seine Umgebung spürt deutlich, daß da etwas nicht stimmt. Er spürt es auch selbst.

Nach sechzehn Jahren im Kloster kann ich nicht von sehr vielen anderen Erfahrungen berichten als von solchen, die alle Menschen haben: von den Erfahrungen meiner eigenen Armut, Leere und Inkonsequenz. Vielleicht hat mir das Kloster geholfen, damit ein wenig bewußter, nackter, elementarer konfrontiert zu werden. Ich habe nicht sehr viel mehr erreicht als die Ahnung, daß mein Zustand, mein Werden – oder besser: mein Nicht-Werden, mein Nichts-Werden, meine Desillusionierung und mein widersprüchliches Dasein – irgend etwas mit dem Schicksal Jesu Christi zu tun haben muß. Diese Ahnung freilich, dieses kleine bißchen Gewißheit ist mir mehr wert als alle Arten von „Erfahrung", bei denen ich nie sicher sein könnte, ob sie nicht das Produkt meiner eigenen Süchte oder Ängste sind. Denn solange ich begierig (und sei es mit einer noch so geistlichen Gier) Ausschau halte nach einer bestimmten Erfahrung, nach einem bestimmten Zustand, muß ich damit rechnen, daß das, was ich erlange, der Niederschlag, das Produkt meiner Begier ist – und folglich wieder ein falsches Bild von Gott, ein Götze nach meinem eigenen Bild und Gleichnis. Hätte ich die aggressive Ungeduld ganz überwunden, mit der ich Gott angreifen, erobern, greifen und festhalten möchte; mit der ich gewaltsam etwas aus mir machen möchte; hätte ich mich stattdessen total ergeben, total ausgeliefert, meine völlige Nichtigkeit akzeptiert; ja, hätte ich aufgehört, überhaupt noch etwas zu wollen oder sein zu wollen; wäre dieser „alte Mensch", wie ihn das Neue Testament nennt, der immer wieder nur Menschliches und nicht Göttliches zur Welt bringen kann, ganz gestorben – dann würde ich in die letzte und tiefste Armut und Einsamkeit eingehen, in die Christus eingegangen ist und die in Christus auf geheimnisvolle Weise zur Einsamkeit Gottes geworden ist; und dann könnte endlich der „neue Mensch" deutlicher zum Vorschein kommen, könnte aus diesem Tod auferstehen, der nicht mehr nach irgendeinem menschlichen Konzept entworfen ist, sondern der nach Gottes Bild geschaffen ist und der deshalb den wahren Gott reflektieren könnte.

Ein alter Mönchsvater hat diese Absichtslosigkeit, dieses tiefste Sich-freimachen für das Beschenktwerden vom ganz Anderen, das so einfach und so schwer zugleich ist, daß man ein Leben lang dazu braucht, so beschrieben: „Wie du mich jetzt siehst, so halte ich es mein Lebtag lang: ein bißchen Arbeit, ein bißchen Meditation, ein wenig Gebet und, so gut ich kann, mich rein halten von den Gedanken und mich ihnen entgegenstellen, wenn sie doch über mich kommen. Aber so ist der Geist der Schau über mich gekommen, und ich weiß nicht, wie."

## *Mönche, Abbilder der Kirche – mit ihren Schwächen und Stärken*

Es ist wichtig zu sehen, daß die weit verbreitete Vorstellung, die geistliche Reife lasse sich als lineare Entwicklung auffassen und erleben, falsch ist. Es stimmt nicht, daß man sich mehr oder wenig geradlinig bis zu einem Punkt hinentwickelt, wo irgend etwas „zündet", wo man ein „Erleuchtungserlebnis" hat, das den Punkt markiert, von dem ab man sich selbst und die Welt ein für allemal in einem neuen, ganz anderen Licht sieht, als einer, der „drübersteht" und der „es geschafft hat". Vielmehr spielt sich – „ich weiß nicht, wie", hat der alte Mönchsvater gesagt – unmerklich ein Prozeß der inneren Umwandlung inmitten aller Spannungen, Schwächen und Inkonsequenzen ab. Oft nehmen sogar die Belastungen eher zu als ab. Auch diese bleibende Armut, dieser paradoxe Zustand ist eine Form der Entäußerung. Die Mönche sollen und können weder in ihren eigenen noch in den Augen der anderen Menschen eine Elite, eine Kaste der Vollkommenen, der Vollendeten in der Kirche sein. Sie sind und bleiben Abbilder, Paradigmen der Kirche, die auf dem Weg, die noch nicht am Ziel ist. Zwischen ihrem Zustand und dem Zustand der ganzen Kirche besteht eine Wechselwirkung.

In Martin Bubers „Gog und Magog" sagt ein Rabbi: „Die Offenbaren stehen auf den Verborgenen. Und auch an ihnen selber, den Offenbaren, ist das, was andere zu tragen vermag, nicht ihre Offenheit, sondern ihre Verborgenheit. Alles tragende Sein ist verborgen." Alles Sein steht in verborgener Kommunikation miteinander. Und wir alle, ob Mönche oder sogenannte „Weltchristen", sind Offenbare und Verborgene zugleich. Deshalb sind die Klöster Abbilder der Situation der Kirche, und selbst ihre Unvollkommenheit ist eine Form der Solidarität mit der Kirche und deshalb integrierender Bestandteil ihrer Berufung. Sie sollen stellvertretend darunter leiden. Auch Christus ist existentiell in den Zustand derer eingegangen, die er erlösen wollte. Deshalb habe ich weiter oben gesagt, das Bild von den Vollkommenen, die den Sündern Gnaden besorgen, sei problematisch. Es ist rundweg falsch.

## *Der „neue Mensch"*

Der winzige Funke Gewißheit, im Schicksal Jesu Christi zu stehen, und damit in Ihm, den man nicht fühlt, nicht erfährt, nicht sieht; dieser Funke, für den man alles, restlos alles hergeben muß – er schenkt Frieden und Freiheit, jenen ganz anderen Frieden und jene ganz andere Freiheit, „die die Welt nicht geben kann" (vgl. Jo 14, 27). Und dieser Friede und diese Freiheit sind das Kennzeichen des „neuen Menschen", der sich nach und nach herausschälen kann. Über diesen Menschen möchte ich noch einiges sagen.

Von Theophil von Antiochien stammt das Wort: „Zeige mir deinen Menschen, und ich zeige dir deinen Gott." Der „alte Mensch der Sünde" klammert sich an ein selbstgemachtes Bild vom Menschen, und diesem

Bild entspricht ein selbstgemachtes, falsches Bild von Gott. Aber der verborgene Gott hat als sein Gegenüber den „verborgenen Menschen des Herzens" geschaffen (wie er im 1. Petrusbrief genannt wird, 1 Pt 3,4), seine lebendige Ikone. Für jeden Menschen gibt es ein solches Bild, ein solches Konzept: seine wahre Identität in Gott. Er kennt es zunächst nicht. Es ist verstellt von seinem falschen Ich, dem Rollenspieler, dem Ego, das sich selbst sucht, noch auf den höchsten Ebenen des geistlichen Lebens und der Kontemplation. Erst wenn dieses falsche Selbstbewußtsein mit all seinen Ambitionen, auch seinen geistlichen, sich selbst aufgibt und stirbt, kommt nach und nach das wahre Ich zum Vorschein, das Abbild Gottes, der „neue Mensch", die wirkliche „Person" in einer Qualität des Personseins, die analog ist zum Personsein der Personen in der Dreifaltigkeit, d.h. in einer letzten, unerschütterlichen Identität mit sich selbst, und zugleich mit einem radikalen, wesenhaften Bezogensein auf die anderen.

Der Anfänger im Mönchsleben tut zunächst einen großen Schritt der Entsagung, indem er sein „weltliches" Leben hinter sich läßt. Aber er läßt in den seltensten Fällen den „alten Menschen" hinter sich. Dieser „alte Mensch" verlegt nun seinen Ehrgeiz auf religiöses Gebiet und ist geneigt, sein Streben für Tugend und für selbstlos zu halten. Bleibt er dabei, so wird er ein Individuum sein, das ein unmögliches Ideal individueller Heiligkeit in einer Art von geistlichem Solipsismus anstrebt; und dieser Solipsismus bringt ihn nicht in den Himmel, sondern in die Hölle auswegloser Isolation, in Verkrampfung, Verbitterung und Verhärtung in irgendwelchen Frömmigkeitsformen.

Werden dem „alten Menschen" aber seine geistlichen Konzepte verdorben und klammert er sich nicht verzweifelt an sie, so besteht Aussicht, daß ihm die Notwendigkeit einer totalen Neugeburt aus dem Geist Christi einsichtig wird. In seiner tiefsten Ohnmacht kann ihm sein Sein in Christus aufgehen, kann er fähig werden, sich Ihm zu öffnen, Ihn zu lieben und aus Ihm zu leben. Er sieht dann sich selbst und die Welt so, wie Gott sie sieht. Er verhält sich zu den Menschen so, wie Christus sich zu ihnen verhält. Er wird unabhängig vom Trost verschiedener sozialer „Idole" und steht und fällt nicht mehr mit dem Beifall seiner Umgebung. Er sucht nicht mehr Liebe, er fordert erst recht nicht Liebe, sondern er gibt sie bedingungslos. Er verlangt nicht mehr danach, geliebt, verstanden, angenommen zu werden und Verzeihung zu erhalten, sondern er will alle verstehen, alle lieben, allen verzeihen und die anderen gerade so, wie sie sind, annehmen und ihnen helfen, sich selbst in Liebe zu überschreiten. Sein Standpunkt ist gewissermaßen „außerhalb" der Welt. Das ist der Grund, weshalb der „neue Mensch" dann – wie Christus – in dieser Welt „nutzlos" ist, am Rand der menschlichen Gesellschaft bleibt und keine praktischen Lösungen anzubieten hat.

Sehr anschaulich hat Dostojewski in seinen Romanen solche „neue Menschen" gezeichnet. Der „Idiot" Fürst Myschkin z. B. nimmt nicht eigentlich am äußeren Ablauf der Geschehnisse teil, oder er tut es jedenfalls auf eine ganz andere Weise als die übrigen Personen der Handlung. Er hängt wie ein Heiligenbild im Raum, und in seinem enthüllenden und heilenden Licht läßt sich der Sinn der Geschehnisse, die sich auf der Bühne der Welt abspielen, entziffern. Der „neue Mensch" ist bei Dostojewski ein Zeichen des Widerspruchs, einer, der teilhat am Paradox der Inkarnation: er ist der Richter und der Erlöser der Welt, weil allein *er* die Wahrheit der Welt kennt, und er kann sie interpretieren, über-setzen von Gott her und auf Gott hin. Er schaut die „sophianische" Welt, die Welt, wie sie im Anfang von der schöpferischen Weisheit Gottes vor dem Sündenfall konzipiert war, und seine Liebe vermag alle Spaltungen, die eine Folge des Sündenfalls sind, zu überbrücken. Er wird zur einenden, integrierenden Kraft in seiner Umgebung, zu einem Zentrum des Friedens und der Versöhnung. Er ist sich dessen aber gar nicht bewußt; er hat nichts und er tut nichts und er besitzt nichts als das, was er *ist;* und er ist zutiefst davon überzeugt, *nichts* zu sein. Alles, was er tut, kann er wie von allein *gut* und *richtig* machen. Und so beginnt er, ohne es selbst zu wissen, mit dem Bau einer „reintegrierten" Welt, einer Welt nach dem ursprünglichen Sinn des Schöpfers, als Teilhaber an der göttlichen Kunst der Weltgestaltung.

Doch geht diese Beschreibung fast zu weit. Denn in Wirklichkeit sind solche durch und durch „neue Menschen" äußerst selten. Wir erleben sie nur ansatzweise, im Fragment. Aber mehr oder weniger steckt in jedem von uns ein solcher „neuer Mensch", den wir ans Licht kommen lassen sollten. Und in jedem Kloster, in jeder Gemeinschaft sind mehr oder weniger deutliche Spuren der Gestalt einer „neuen", geheilten Welt zu finden; immer wieder gelingt es hie und da für einige Zeit, im Frieden und in der Freude des Heiligen Geistes miteinander zu leben. Insgesamt jedoch leben wir nicht in einer Zeit, in der „neue Menschen" eine erlöste Welt gestalten, wo heilige Gemeinschaften, geheimnisvolle Dome und geschlossene Systeme einer von Weisheit erfüllten Theologie gebaut werden, die den Vorgeschmack eines erlösten Kosmos schenken. Heute ist die Stunde, wo die „neuen Menschen" und alle, die ungefähr so aussehen wie sie – ich denke, um nicht einen Lebenden zu erwähnen, zum Beispiel an Pasternaks „Doktor Schiwago", diesen Mann aus dem Paradies –, wo solche Menschen also in radikalen Gegensatz zum Menschengemächte ihres Gesellschaftssystems geraten und froh sein müssen, wenn man sie nicht ans andere Ende des Globus verbannt, sondern sie wenigstens am Rande der Stadt ihr Zelt aufschlagen läßt. Vielleicht kommt wieder einmal eine Zeit, wo sie bauen dürfen; vorerst aber ist ihr spürbarster Anteil das Leiden an einer Welt, die nicht nach Gottes Konzepten konstruiert ist.

Damit sind wir wieder bei der paradoxen Situation, in der auch der „neue Mensch" auf dieser Erde bleibt, genau wie Jesus Christus: er bleibt Friedensstifter und Zeichen des Widerspruchs zugleich. Wie der „Seher" der platonischen Höhle mag er herauskommen, das wahre Sonnenlicht kennenlernen und dann zu seinen früheren Schicksalsgefährten zurückkehren, um ihnen den Weg zum Licht zu zeigen: sie werden ihn für verrückt erklären und lieber bei ihren Schatten bleiben; und er kann von Glück reden, wenn sie ihn am Ende nicht umbringen, um ungestört in ihren Illusionen zu bleiben.

Der Mönchsvater Antonius hat bereits gesagt: „Es wird eine Zeit kommen, da werden alle Menschen verrückt sein. Und wenn sie einen finden, der nicht ist wie sie, werden sie über ihn herfallen, ihn prügeln und schreien: Du bist verrückt, denn du bist nicht wie wir!"

Der „neue Mensch" und jeder, der im Umwandlungsprozeß zu einem „neuen Menschen" steht, ist und bleibt deshalb in dieser Welt reichlich nutzlos. Er lebt als ein sehr gewöhnlicher Mensch. Aber sein Leben ist ein Leben nach dem unergründlichen, geheimnisvollen Willen des noch unbegreiflicheren Gottes, in seinem Frieden, und darum doch faszinierend. Man kommt nicht davon los, sooft man gelegentlich auch damit hadern mag. Bei den Mönchen nimmt diese im Leben jedes Christen verborgene Wirklichkeit äußere Gestalt an. Und das ist in erster Linie die Armut, die absolute Bedürftigkeit vor Gott; die Gewöhnlichkeit, in der man den Ungewöhnlichen ahnen kann. Der Prozeß, in den jeder Christ verwickelt wird, wird bei ihnen greifbare Lebensform, so gebrochen diese Form auch sein mag. Und so erfahren die Mönche durchaus nichts anderes als alle anderen Christen auch; nur erfahren sie es sozusagen in herauspräparierter, aufgedeckter Form, damit ihre Brüder und Schwestern daran vielleicht für ihr eigenes Leben irgend etwas ablesen können.

# 3

# Die Quelle der inneren Ruhe

## *Die Frage nach der geistlichen „Methode“*

Seit die fernöstlichen Religionen und Meditationsformen bei uns Einzug gehalten haben, werden christliche Mönche immer wieder nach der ihnen eigenen „Methode“ des Meditierens und der Versenkung gefragt. Diese Fragestellung ist an sie zu einem Zeitpunkt herangetragen worden, in dem sie nicht sehr intensiv und wesentlich aus den tiefsten Quellen ihrer geistlichen Tradition gelebt haben. Auch wußten sie kaum etwas von Meditationsmethoden, die auch nur annähernd so anspruchsvoll waren wie zum Beispiel diejenigen der Zen-Mönche. Es lag nahe, den Grund dafür in der Verflachung und Vernachlässigung der eigenen Tradition zu suchen. Die dringende Aufgabe schien darin zu bestehen, schleunigst aus der christlichen Überlieferung die in Vergessenheit geratenen entsprechenden „Methoden“ auszugraben. Das wurde denn auch in Angriff genommen – allerdings nicht in erster Linie von Mönchen –, und tatsächlich ließen sich einige Texte finden, namentlich zwei Schriften eines englischen Kartäusers aus dem 14. Jahrhundert. Man versah sie mit einem aktualisierenden Vorwort, das in Wort und Bild eine vom Osten entlehnte sinnvolle Sitzhaltung erläutert, und brachte sie als „präzise Anleitung zur kontemplativen Meditation in Parallele zum ZEN" auf den Markt[3]. Auch noch bei anderen christlichen Autoren, vor allem solchen der ostkirchlichen Tradition, der Hesychasten, deren Methode des „Jesusgebets" durch die „Aufrichtigen Erzählungen eines russischen Pilgers" weithin bekannt geworden ist, kann man Ansätze und Elemente für eine feste Methodik und Technik der Sammlung und des Stillseins finden, die sich zur Not zu einer „präzisen" Methode hochstilisieren lassen.

Aber eine Durchsicht namentlich der abendländischen Tradition erbringt insgesamt ein entmutigend mageres Ergebnis: in den schätzungsweise 250000 enggedruckten Spalten der 220 Bände von Mignes Patrologie, die der Substanz nach alle bedeutenden christlichen Autoren von den Anfängen bis ins 13. Jahrhundert enthalten, findet sich keine Anleitung, die auch nur annähernd das darstellt, was uns Yoga, Zen, Transzendentale Meditation und viele andere Schulen heute gebrauchsfertig anbieten. Daraus muß man schließen, daß für eine regelrechte „Technik" der Sammlung und Meditation wenig Bedürfnis und wenig Interesse bestanden haben und daß folglich auch keine allgemeingültige Methode des Zur-Ruhe-Kommens entwickelt worden ist.

Mehr noch: eine genauere Durchsicht der Quellen führt zu der merkwürdigen Feststellung, daß die christlichen Mönche ziemlich wenig Sinn für Freizeit und Nichtstun hatten, ja geradezu einen Argwohn dagegen gehegt haben.

## *Die „arbeitsreiche Muße" der christlichen Mönche*

Von den Wüstenvätern angefangen über die großen Ordensregeln bis ins Spätmittelalter kehrt das Thema ständig wieder: nichts müsse der Mönch mehr meiden als das Nichtstun, denn „Müßiggang (otiositas) ist der Feind der Seele", sagt Benedikt in seiner Regel; und Smaragdus, ein einflußreicher benediktinischer Autor des 9. Jahrhunderts, äußert: „alle körperliche Ruhe ist ein Greuel – abominatio est omnis corporalis requies". Bei Kassian (um 360–435), der dem Abendland die Tradition der Wüstenväter vermittelt hat, und bei allen monastischen Autoren lassen sich leichter eindringliche Texte finden, die zum ständigen Arbeiten mahnen, als Aufrufe, sich freie Zeit zu nehmen. Man sollte meinen, daß wenigstens die Vertreter der extremsten Form des eremitischen Lebens, die Reklusen, die sich auf Lebenszeit in eine Zelle einmauern ließen, Sinn für das Nichtstun entwickelt hätten. Aber auch in ihrer Regel, der „Regula Solitariorum" Grimlacs aus dem 9. Jahrhundert, findet sich die eindeutige Anweisung: „Sie sollen nicht in untätiger Muße herumsitzen (non otio torpeant), ... sondern entweder Psalmen singen oder sich der Geistlichen Lesung oder der Handarbeit widmen und die kanonischen Stundengebete mit aller Hingabe halten."

Im übrigen ließe sich leicht zeigen, daß, je „kontemplativer" ein Orden ausgerichtet ist, desto verplanter seine Tages- und Lebensordnung ist (wobei ich hier nur auf dieses *Faktum* hinweisen möchte, ohne es damit rundweg rechtfertigen zu wollen; es bedarf durchaus einer kritischen Überprüfung): der Tageslauf in einem Kartäuser-, Trappisten- oder Karmelitinnenkloster war – und ist zum Teil auch heute noch – bis in die einzelnen Viertelstunden hinein genau geregelt. Und wenn sich einzelne zum eremitischen Leben zurückzogen, war das erste, was sie taten, daß sie sich eine detaillierte Tagesordnung zurechtlegten und so ein „negotiotissimum otium", eine „äußerst arbeitsreiche Muße" entwickelten. Diese Formulierung gebraucht Paul Giustiniani, der Reformator der Kamaldulenser im 16. Jahrhundert, der in seiner Eremitenregel schreibt: „Jeder soll sich bemühen, sich eine bestimmte Zahl von Stunden ... der Handarbeit zu widmen, zu anderen festgesetzten Stunden der Lesung, dem Gebet und den anderen Disziplinen der Seele, und zwar dergestalt, daß der ganze Verlauf des Tages und der Nacht kurz und zu knapp bemessen erscheint und immer mehr zu tun bleibt, als Zeit zur Verfügung steht. Wehe dem, der anfängt, die Tage zu lang zu finden!" Wir Heutige haben da den Eindruck, hier werde geradezu künstlich jene Stress-Situation gesucht und geschaffen, der zu entkommen wir als ganz dringende Notwendigkeit betrachten.

Es gibt in der christlichen Mönchstradition durchaus eine reiche Literatur über das „otium", das Mußehaben. Doch ist damit fast immer nicht jenes geruhsame Zeithaben und Nichtstun bezeichnet, das wir seit der Neuzeit und der Romantik damit meinen; nicht ein Zustand körperlicher und psychologischer Ruhe, wie er heute systematisch eingeübt und neuerdings mittels Biofeedback-Geräten exakt gemessen werden kann. Wenn Bernhard von Clairvaux an einen Freund schreibt: „Ich habe es erfahren, glaub es mir: In den Wäldern findest du mehr als in den Büchern. Holz und Steine werden dich über Dinge belehren, von denen du bei den Lehrern nichts hören kannst", dann spielt er damit nicht auf ein Naturerlebnis bei einem Spaziergang durch den Wald oder an einem freien Ferientag im Grünen an, sondern auf eine Erfahrung bei schwerer körperlicher Wald- und Feldarbeit, deren Mühsal er und viele seiner Mönche als ehemals verwöhnte Adeligensöhne besonders drükkend empfunden haben müssen. In dieser äußersten Belastung, nicht in stillen Stunden des Nichtstuns, suchten und fanden diese Mönche intensivste geistliche Erfahrung. Es ist kein Zufall, daß in der Geschichte des christlichen Mönchtums immer in Zeiten der spirituellen Neubesinnung zugleich die körperliche Arbeit neue Wertschätzung fand.

## *Die Spiritualität der Bergpredigt*

Tragen wir also die dicke Schicht von Vorurteilen und auch von zeitbedingten Ausdrucksformen ab, so stoßen wir nicht auf eine Privilegierten-Spiritualität, die ideale Bedingungen erfordert, will man geistlich intensiv leben – optimale Verhältnisse bezüglich Architektur, Zeithaben, akustischer Stille, Ernährung, Temperatur und Luftfeuchtigkeit, wie sie in modernen (und teuren) Meditationshallen geboten werden –, sondern auf die Spiritualität der Bergpredigt. Das ist eine Spiritualität für alle Menschen, in der gerade den Armen, den Trauernden, den Hungernden, den Verfolgten und Gehetzten und Geschmähten die besondere Erfahrung der Nähe Gottes versprochen wird (vgl. Mt 5,3–13), nicht nur im Sinne einer Vertröstung auf den Ausgleich im Jenseits, sondern als Gabe mitten in ihre schmerzliche Situation hinein. Das ist die mystische Erfahrung des Apostels Paulus, der mitten in der Bedrängnis die Kraft Christi erfährt und sich deshalb „an jeder Schwachheit freut" (vgl. 2 Kor 12,9–10); der „wie ein Sterbender ist und doch lebt; geplagt, und doch jederzeit fröhlich; arm, und doch viele bereichernd; nichts hat und doch alles hat" (vgl. 1 Kor 6,9–10). Das ist eine Erfahrung, der die um ihrer religiösen Überzeugung willen Inhaftierten und Gefolterten oder diejenigen, die sich aus Liebe zu Gott im Dienst an den Armen aufreiben und deren Leben teilen, vermutlich sehr viel näher sein können als die Experten für Meditation, die sich bemühen, in ihrem Gehirn möglichst viele Alpha-Wellen zu erzeugen, weil, wie William Johnston mitteilt, „jede Kontemplation auf Alpha beruht".

Das ist die mystische Ek-stase Jesu Christi selbst in den Willen des Vaters hinein, sein Sich-selbst-Genommensein im Gehorsam, in seiner ganzen Existenz, aufs Äußerste gesteigert in Getsemani und auf Golgota; eine letzte „Ruhe" in der extremsten Auslieferung und Verzweiflung, jenseits aller physischen und psychischen Zustände.

Der Dichter der Pfingstsequenz „Veni, Sancte Spiritus" hat um 1200 diese Erfahrung auf die prägnante Formel gebracht:

In labore requies,
in aestu temperies,
in fletu solatium.

In der Unrast schenkst du Ruh,
hauchst in Hitze Kühlung zu,
spendest Trost in Leid und Tod.

Besonders zu beachten ist in diesen Zeilen das Wort „in": es bezeichnet die paradoxe Erfahrung der Ruhe gerade *in* (nicht *nach*) der Unrast, der Kühlung *in* (nicht *nach*) der Hitze, des Trostes *im* (nicht *nach* dem) Leid. Nicht von ungefähr steht diese Strophe in einem Gesang zum Heiligen Geist, zur personhaften Beziehung zwischen Vater und Sohn: *solche* Ruhe gründet in einem unaufhebbaren *Bezogensein* auf jemanden und ist nicht ein psychischer Zustand *an sich.* Mitten in der Bedrängnis, mitten im Stress und mitten im – psychologischen – Zustand der Verzweiflung gibt es ein geheimnisvolles Gehaltensein, eine – transzendentale – „Ruhe in der Gnade gegenseitiger Liebe" (so bezeichnet der Zisterzienser Aelred von Rievaulx im 12. Jahrhundert das Geborgensein in einer geistlichen Freundschaft).

Gemessen an der heutigen Meditationsliteratur, erscheinen die Autoren der christlichen Tradition alle unangenehm dogmatisierend und moralisierend, und es fehlt nicht an Versuchen, aus ihren Werken, wie auch aus der mystischen Tradition aller Religionen, die effektivsten Methoden zur Erreichung eines „mystischen" Zustandes herauszudestillieren und sie von diesen scheinbaren Zeitbedingtheiten zu lösen. Aber bei derartigen Unternehmen werden sie gewaltsam mißbraucht, denn sie sind gerade in dieser Eigenart dem Neuen Testament selbst treu. Muße, Stille, Ruhe, Sammlung: das alles sind keine spezifisch christlichen Kategorien und Werte, und wir finden in den Evangelien nirgends, daß Jesus seine Jünger dazu methodisch angeleitet hätte. Das Schweigen und der Friede des Herzens sind eine Konsequenz der Selbstentäußerung und Demut, die der Mensch in der Nachfolge Christi lernt, nach dem Wort Jesu: „Nehmt mein Joch auf euch und lernt von mir, denn ich bin mild und demütig. So werdet ihr in eurem Herzen Ruhe finden" (Mt 11,29). Die christlichen Autoren zitieren deshalb diese Stelle immer wieder, wenn sie von der Ruhe sprechen.

Besonders deutlich und oft findet sich die Bedingung des nüchternen „Gebote-Haltens" für das mystische Erkennen und Lieben in den johanneischen Schriften. Das alles ist eine „harte Rede" (vgl. Jo 6,60). Wie prosaisch und enttäuschend muß die lange Liste der „Werkzeuge der geistlichen Kunst", die Benedikt im 4. Kapitel seiner Regel aufführt, auf jeden wirken, dessen Appetit auf geistliche Erfahrung durch zahllose verlockende Buchtitel geweckt worden ist! Doch *muß* das so sein: ganz im Gegenlauf zur heutigen Tendenz, von bestimmten, religionswissenschaftlich allgemeinen Gesetzmäßigkeiten und Methoden her die Dogmatik zu relativieren und Bewußtseinszustände *an sich* zu suchen, geht es in der christlichen Spiritualität darum, sich an den unverwechselbar einmaligen Jesus Christus zu halten und zu ihm in Beziehung zu stehen; und nur aus dieser Beziehung im Heiligen Geist erwächst dem Menschen die Kraft der Integration aller Bruchstücke seines Lebens zu einem organischen Ganzen, erwächst ihm jene Art „Ruhe", die keine Frage des Zeit- und Mußehabens ist, sondern eine Frage des Getragenwerdens von einem letzten *Sinn.* Wo aber diese Beziehung, dieser letzte Sinn verlorengegangen ist, da sind und bleiben alle Methoden und Übungen, zur Ruhe zu kommen, bloße Symptombekämpfung und führen nicht zur Heilung an der Wurzel. *Hier* liegt das eigentliche Problem der Ruhelosigkeit und Hektik unseres Zeitalters: es ist zutiefst kein Problem des Zeithabens, der Freizeitgestaltung, der Entwicklung neuer Formen von Kult und Feier, sondern ein Problem der Beziehungslosigkeit und Sinnlosigkeit und – man hat heute Hemmungen, es zu sagen – auch eine Frage der Moral.

Das läßt sich leicht feststellen, wenn man vergleicht, wie die von vielen (auch katholischen) modernen Literaturkritikern wohlwollend bis herablassend in die Vergangenheit verabschiedeten „konservativen" katholischen Schriftsteller der ersten Hälfte unseres Jahrhunderts, wie Reinhold Schneider, Georges Bernanos oder Gertrud von le Fort, eine wirkliche Mystagogie im Innenraum zu vermitteln verstanden, wohingegen die „modernen" Autoren, die („noch") christliche Themen verarbeiten, allermeist nicht mehr zu bieten haben als ziemlich banale bis triviale

Aussagen über die „Relevanz" Jesu und seiner Botschaft für heute: da wird kaum mehr die Erfahrung und Problematik von Menschen mitgeteilt, die sich existentiell auf Christus eingelassen haben, als mündige Christen in einer nachkonziliaren Kirche, sondern da wird vor der Haustür mit Anspielungen und Möglichkeiten und Forderungen jongliert und die Kirche in ihrem vorkonziliaren Zustand aufs Korn genommen. Moderne Schriftsteller scheinen eine geheime Angst zu haben, durch Tugend steril zu werden. Sie mögen formal Großartiges zustande bringen – der Preis ist eine Verflachung ihrer Themen und Aussagen. Da wird unendlich vieles entlarvt, aber kümmerlich wenig erkannt; da werden ausnahmslos alle Feigenblätter abgenommen, aber keine neue Unschuld wird gefunden.

### *Krise der Beziehungsfähigkeit*

Georges Bernanos hat schon vor Jahrzehnten mit seltener Klarheit diese Wurzeln des Übels freigelegt und zugleich seine ungeheure Abgründigkeit aufgezeigt. Er war der Ansicht, daß alle unterschwelligen Krankheiten des Geistes aus der Verdrängung Gottes und der Sehnsucht nach Gott in der gegenwärtigen Menschheit herzuleiten sind. Diese Abnabelung von Gott kommt einer Auslieferung an den Abgrund, letztlich an die Hölle, gleich. An die Stelle des In-Beziehung-Stehens und der Hingabe tritt eine distanziert bleibende grenzenlose Neugier. In das leergefegte

Haus ziehen die Dämonen des Stolzes, des Selbst-Machen-Wollens und der Selbstverteidigung ein und machen es dem Menschen unmöglich, länger bei sich zu verweilen, weil ihn von innen her die Leere, das Nichts und der Haß auf sich selbst überfallen. „Seine Vergangenheit hat er abgeschüttelt, aber die Zukunft vor ihm ist ebenso hohl und leer, eine neue Lüge, die er auf sich nehmen muß, eine gleich große ‚Langeweile'. Sinnlichkeit, die kleine Münze der Hölle, hat er längst durchschaut; ‚er besitzt die Verachtung des Geizigen für diese Art Verschwendung'. So ist ihm jede Zeit weggenommen, es bleibt ihm kein Lebensraum mehr, keinerlei Dimension der Hoffnung."[4] Bernanos' Landpfarrer sagt: „... Und sie machen sich keinerlei Vorstellung vom Bösen selber, von der ungeheuren Saugkraft der Leere, des Nichts. Wenn unser Menschengeschlecht zugrunde gehen soll, dann vor Ekel und Überdruß. Die menschliche Person wird langsam zernagt worden sein wie ein Balken von seinen unsichtbaren Schwämmen, die in wenigen Wochen ein solides Stück Eichenholz in einen zerbröckelnden Stoff verwandeln, den ein Finger mühelos eindrückt."

Person ist und bleibt der Mensch nur im Magnetfeld einer fundamentalen Beziehung. Verläßt er dieses Kraftfeld, so zerbröselt er wie die Eisenfeilspäne beim Abschalten des Elektromagneten: dieses Chaos, diese Zerrüttung der Beziehung ist der tiefste Grund aller Unrast und Ruhelosigkeit. Vermutlich erfreuen sich zahlreiche Formen der Meditation in unseren Tagen nicht zuletzt deshalb so starker Nachfrage, weil sie dieses Stehenkönnen in einer personalen Beziehung nicht voraussetzen: das Sich-Lassen und Entwerden als Übung an sich scheint vielen Zeitgenossen zugänglicher und begehrenswerter als das Sich-nehmen-Lassen und die Hingabe an ein Du.

Sämtliche Symptome der Krankheit unserer Zeit, die Bernanos darstellt, sind denn auch Störungen der Beziehungsfähigkeit des Menschen. Die *Lüge* und die *Ungerechtigkeit* zerrütten die elementaren Gesetze und leugnen die Erfordernisse menschlicher Existenz im Privaten wie im Sozialen. Die *Sexualität*, als Gottesgabe an sich gut, wird verkehrt zur plastischen Ausdruckssprache des Mißbrauchs des andern, „weil in dieser Fuge der menschlichen Natur, wo das Körperliche zum Erscheinungsbild der geistigen Liebe werden kann und soll, alle Möglichkeiten der Verhüllung (statt Erscheinung), der Verkehrung (statt unmittelbarer Selbsthingabe), des Mißbrauchs der Liebe selber und damit der Zersetzung des Personkerns vorgegeben sind … So wird der Geschlechtsakt zum Anlaß, die Widersprüche der Sünde, des geistigen Egoismus darzutun: … einander überfallen, um eine Lust zu haben, die in der Gier selbst schon überholt, schon zur Langeweile geworden ist." Die *Homosexualität* ist „das Phänomen einer Perversion der Liebe auf das eigene Geschlecht, das heißt auf das eigene liebende Wesen: die Inversion wird zum Gleichnis einer sich auf sich selbst zurückschließenden Liebe (wenn das Wort Liebe hier noch Sinn hat)", der völligen Selbstbezogenheit und des Sich-selbst-Genießens im Spiegel des andern. Der Griff zur *Droge* schließlich – bei

Bernanos zum Morphium – „ist der quasi-sakramentale Akt, durch den die göttliche Hoffnung auf Gnade verleugnet und statt dessen ein selbstmächtiger Zugriff zum unzugänglichen Eden geschieht. Es ist das Gleichnis dafür, daß der Sünder die Suche nach der Wirklichkeit – jenseits der Traumexistenz dieses Lebens – aufgegeben hat und durch die Sucht des gewollten Lusttraums ersetzt. Es ist die Flucht aus der grauenvollen Langeweile der Gottlosigkeit in ein ‚künstliches Paradies'."

Aldous Huxley hat die strenge Askese der Kontemplativen früherer Zeiten, zum Beispiel auch des Pfarrers von Ars, als Bemühen interpretiert, „die einer spirituellen Einsicht günstigen inneren Bedingungen zu schaffen. Wenn sie sich nicht bis zu Vitaminmangel und zur Verringerung des Blutzuckers aushungerten oder sich nicht bis zur Vergiftung durch Histamin, Adrenalin und zersetztes Eiweiß geißelten, förderten sie doch Schlaflosigkeit und beteten während langer Zeitspannen in unbequemen Stellungen, um die psycho-physischen Symptome von Überanstrengung hervorzurufen. Dazwischen sangen sie endlos Psalmen und vermehrten so die Kohlensäuremenge in der Lunge und im Blutkreislauf, oder machten, wenn sie Orientalen waren, zu demselben Zweck Atemübungen."[5] Er meint, die gleiche Wirkung lasse sich heute einfacher und schneller durch gezielten Drogengebrauch hervorrufen – und natürlich kann man zugleich auch den gesamten theologischen Überbau weglassen: die Berufung in die Nachfolge, die Imitatio Christi, das Ideal des Gleichförmigwerdens mit dem sich hingebenden Jesus Christus, das die Triebkraft jeder wirklich christlichen Askese ist, erscheint dann als quantité négligeable.

Was Huxley äußert, ist nur in besonders handgreiflicher Weise jene monströse Fehlinterpretation der christlich-mystischen Tradition, die in subtileren Formen heute weit verbreitet ist: die Vertauschung der Substanz (der Bezogenheit auf Christus) mit dem Akzidens (der Erfahrung irgendwelcher Zustände, die daraus folgen können, aber durchaus nicht müssen; für uns hier: der inneren Stille und Ruhe) bis zum Wegwerfen der Substanz zugunsten dieses Akzidens.

## *Liebe zu Christus*

Kehren wir deshalb zurück zu unseren unangenehm stark dogmatisierenden und moralisierenden Mönchen.

Der russische Starez Makarius von Optina hat einem Ratsuchenden geschrieben: „Solltest Du bei allem, was Du tust, keinen geistigen Gewinn, sondern innere Unruhe haben, so ist es klar, daß Du die Demut nicht besitzest" ... Demut – das heißt: jene innere Haltung der Selbstlosigkeit, des Dienens, des Absehens und Losgelöstseins von sich selbst, die im Nachvollzug des Lebens Jesu Christi entsteht und möglich wird. So ließe sich die Auskunft des Starez Makarius sinngemäß weiter ausformulieren: „Solltest Du innere Unruhe haben, so ist es klar, daß Du Dich zu wenig an Jesus Christus orientierst; daß Du zu wenig fragst, wie es *Ihm* ergangen ist; daß Dir zu wenig daran liegt, *sein Schicksal* zu teilen."

Von *da* her haben die Mystiker der christlichen Tradition zur „Ruhe" gefunden, und aus *dieser* Quelle sind ihre schöpferischen Kräfte zur Gestaltung einer christlichen Existenz gespeist worden. Die Mönche haben aus der Kraft ihrer Beziehung zu Christus einen recht komplizierten, recht anspruchsvollen Lebensstil gestaltet, der seine Einheit und Ganzheit nur von dieser Wurzel her empfängt. Diese Beziehung ist sozusagen die Seele des Leibes ihrer äußeren Lebensform, und es hätte wenig Sinn, einzelne Elemente aus dieser Ganzheit, dieser Lebenspraxis zu lösen und abgeschnitten davon als „Methode" für ein stilles Leben an andere weiterzugeben. Ich schreibe das so entschieden nicht aus einer Position der Stärke, sondern der eigenen Schwäche, denn in den heutigen Klöstern ist diese „Seele" bedroht – und sie war es wohl zu allen Zeiten –, wenn nicht mehr die konsequente Ausrichtung auf Gott und das immer neue Maßnehmen an Jesus Christus und seinem Evangelium das lebendige Gestaltprinzip der Gemeinschaft ist, sondern überkommene Regeln und Verhaltensmuster oder innerweltliche Zwänge und (vielleicht durchaus fromme und gute) Zwecke und Aufgaben und Kalkulationen dominierend werden. Dann zerfällt auch da der Leib in seine Einzelteile, und alle Schaffung von Freizeiten und Urlaubs- und Erholungsgelegenheiten und alle neueingeführten Möglichkeiten der Meditation werden nicht helfen, ihn als organische Ganzheit zusammenzuhalten. Die Trennungslinie zwischen der Besessenheit vom Dämon des Aktivismus und der Ekstase restloser dienender Hingabe ist sehr dünn und messerscharf; wie auch umgekehrt die Trennungslinie zwischen dem Aus-stehen auf Gott hin im reinen Da-sein und dem Kreisen um sich selbst in schöngeistigem Nichtstun und Sichversenken.

Die Christen in der „Welt" leben von vornherein immer mehr in Umständen und unter Bedingungen, die nichts mehr mit Gott und Jesus Christus zu tun haben. Und wenn sie „innere Unruhe" verspüren, dann wäre es zweifellos einfältig, den Fehler *nur* im einzelnen zu suchen, in seinem Mangel an „Demut". Der Fehler liegt *auch* in den Strukturen und Verhältnissen und Rhythmen, die von nicht „demütigen" Menschen geschaffen worden sind und denen er ausgeliefert ist.

Auf die Frage der Menschen von heute, ob ihnen aus der Tradition des christlichen Mönchtums eine Hilfe angeboten werden könne, um sie aus der Unrast und der Ruhelosigkeit zu befreien, in die sie geworfen sind, kann ich also nichts unmittelbar „Praktisches" sagen. Ich möchte es auch nicht recht. Ich möchte vielmehr den alles entscheidenden, wesentlichen Punkt hervorheben, der erst einmal ins Auge gefaßt sein muß, ehe etwas „Praktisches" zu unternehmen ist: weil wir Heilung suchen müssen und nicht nur Symptombehandlung treiben und letztlich um uns selbst kreisen dürfen.

Das Bild des abendländischen Mönchs, das die Ikonographie beherrscht, ist das Bild des Mannes mit dem Buch: der christliche Mönch liest ein Buch oder schreibt ein Buch. Er lebt von einem Anderen her und auf einen Anderen hin. Von da her hat er seine „Ruhe" gefunden. Bernhard von Clairvaux hat Papst Eugen III. das Beispiel früherer Päpste vor Augen gehalten, „die mitten im schlimmsten Trubel Muße fanden. Die Stadt war belagert, und das Schwert der Barbaren saß am Genick der Bürger: das hat den heiligen Papst Gregor keineswegs abgeschreckt, in aller Ruhe Schriften voll geistlicher Weisheit zu verfassen, denn gerade zu dieser Zeit schrieb er mit äußerster Sorgfalt und in geschliffenem Stil seinen Kommentar zum dunkelsten und schwierigsten Teil des Buches Ezechiel." Das ist der „praktische" Rat der christlichen Tradition: Verrichte gerade in der äußersten Bedrohung die einfachen, unmittelbar anstehenden Dinge sorgfältig. Und suche deinen Halt im Wort Gottes. Es kann ein trockenes Brot sein, an dem du lange kauen mußt, ehe es seinen Geschmack hergibt und nährt; aber suche darin neu eine lebendige Beziehung zu Gott, zu Jesus Christus. Suche darin den Gott, der uns liebt und einer von uns geworden ist.

Aus Scheu habe ich wiederholt von der „Beziehung" zu Jesus Christus gesprochen. Am Schluß will ich doch von der *Liebe* zu Jesus Christus sprechen: sie allein wird uns helfen können. Ein Lebens-Sinn in Form eines gedanklichen Systems, in dem alles seinen Ort hat, wird uns nicht ausreichen: da versagen diejenigen, die bloß dogmatisch denken. Ein Lebens-Sinn in Form einer moralischen Gebrauchsanweisung oder einer psychischen Technik wird uns auch nicht ausreichen: da versagen die Moralapostel und die Meditationsmeister. Helfen können wird uns nur eine neue Liebe, die alle Schichten unseres Wesens erfaßt. Für die Liebe werden auch die kompliziertesten und verworrensten Dinge einfach. Die schöpferische Kraft und Phantasie der Liebe ist unermeßlich. „Sie erträgt alles, glaubt alles, hofft alles, hält allem stand. Die Liebe hört niemals auf. Prophetisches Reden hat ein Ende, verzückte Rede verstummt, Erkenntnis vergeht... Jetzt schauen wir in einem Spiegel und sehen nur rätselhafte Umrisse, dann aber schauen wir von Angesicht zu Angesicht. Jetzt erkenne ich nur unvollkommen, dann aber werde ich ganz erkennen, so wie auch ich ganz erkannt bin. Also bleiben Glaube, Hoffnung, Liebe, diese drei; am größten unter ihnen ist die Liebe" (1 Kor 13,7–8.12–13).

# 4

# Von der Trauer und von der Freude des Christen

## *„Erlöster müßten sie mir aussehen"*

Unlängst war in einem amerikanischen Magazin zu lesen, ein Pfarrer in den USA habe alle Bilder des Gekreuzigten aus seiner Kirche entfernt und durch Darstellungen des Auferstandenen ersetzt. Er habe seiner Gemeinde erläutert, es sei an der Zeit, daß wir Christen unseren Osterglauben stärker in den Mittelpunkt stellen und nicht mehr so viel vom Kreuz und Leid, sondern mehr von der Freude der Erlösten sprechen.

Es ist kaum anzunehmen, daß dieser ikonographische Bruch mit einer zweitausendjährigen Tradition Schule machen wird, aber das Anliegen und die Aktion dieses Geistlichen sind es wert, gründlicher bedacht zu werden. Bei näherem Zusehen zeigt sich nämlich, daß sie symptomatisch für ein Unbehagen der heutigen Christen mit sich selbst und ihrem Glauben sind. Das provozierende, ironische und, wie ich zeigen möchte, verführerische Wort Nietzsches: „Erlöster müßten sie mir aussehen, die Erlösten!" beunruhigt die Christenheit, seit es formuliert worden ist. „Sie müssen erlöster dreinschauen!", ermahnt die Ordensoberin ihre Mitschwester, die mit trauriger Miene im Flur daherkommt. „Ihr solltet Menschen der Freude sein!", predigt der Pfarrer dem mühselig und beladen aussehenden Kirchenvolk vom Ambo her. „Wir müssen mehr Freude und Frohsinn pflegen!", sagt sich der Kaplan und plant den nächsten Tanzabend für die Jugend im Gemeindesaal, weil er sie damit noch am ehesten versammeln kann. Und die Anhänger der Charismatischen Erneuerung machen es uns praktisch vor, wie schwungvoll und froh ein geisterfülltes Christentum aussehen kann. Die Freude, die Begeisterung, die Erfahrung des Erlöstseins: das wird vom Christen heute erwartet, wenn er glaubwürdig wirken soll. Und er erwartet es von sich selbst. In allen christlichen Zeitschriften kehrt das Thema seit einigen Jahren in auffallender Häufigkeit wieder: wir Christen müssen die Freude neu entdecken, wollen wir nicht unsere Frohe Botschaft Lügen strafen und zur Unwirksamkeit verurteilen.

Ist es aber wirklich so eindeutig ausgemacht, daß jeder Christ, der engagiert aus dem Glauben lebt, vor Freude strahlen kann, ja muß? Ist und bleibt nicht doch *das* Symbol des Christentums das Kreuz, das Bild des ans Kreuz genagelten Erlösers, und nicht ein heiter lächelnder Buddha? Wurde nicht Maria, das leuchtendste Vorbild der Glaubenden, dieser Mensch, der Gott doch wahrhaftig, ja leibhaftig „erfaßt" hat, in der christlichen Kunst jahrhundertelang mit Vorliebe als die Pietà, die Schmerzensmutter, dargestellt?

## *Glaube: kein einfaches Mittel, um froh auszusehen*

Es gibt die Traurigkeit der lauen, müden, halbherzigen Christen, die nicht aus der Freiheit der Söhne Gottes, sondern als verdrossene, mehr oder weniger gottergebene Knechte leben. Und diese Traurigkeit ist tatsächlich vom Übel. Sie rührt aus einem Mangel an Glauben, an Konsequenz, an Tiefe; sie ist das Zeichen eines bekümmerten, engen, selbstsüchtigen Herzens. Eines Herzens, das nur seine eigenen beschränkten Möglichkeiten im Blick hat und deshalb verzagt, statt an Gottes unendliche Möglichkeiten zu glauben und zuversichtlich zu sein. Doch ist über diese Traurigkeit – die Alten nannten sie die „acedia" – in allen Jahrhunderten und auch in jüngster Zeit vieles und Ausgezeichnetes geschrieben worden.

*Hier* will ich jetzt von einer anderen Art Trauer des Christen sprechen: von der Trauer dessen, der das Wagnis des Glaubens unternimmt; vom Schmerz und Leid dessen, der sich auf die Nachfolge Christi eingelassen hat. Ich will zu zeigen versuchen, daß die These, lebendiger Glaube und sichtliches Frohsein gehörten zusammen, nicht in dem naiven Sinne stimmt, in dem sie häufig vorgetragen wird. Wie sie behauptet oder unbedacht vorausgesetzt wird, ist sie unrealistisch und dazu angetan, manchen ernsthaften Christen eher Verzweiflung als Mut einzuflößen. Sie sehen sich in die zwiespältige Rolle des Clowns gedrängt, der nach außen Freude und Frohsinn verbreiten soll, ganz gleich, wie es in seinem Herzen aussehen mag. Und wenn sie diesem Gedrängtwerden nachgeben, entstehen ein frohes, christliches Theater und eine sentimentale Stimmung, aber keine authentische christliche Existenz. Wir müssen das Faktum anerkennen, daß viele Christen *keine* gelösten und äußerlich frohen Menschen sind, und gerade auch solche Christen nicht, die sich tief auf ihren Glauben einlassen. Das zu akzeptieren fällt uns schwer. Denn welchen Sinn soll ein Glaube haben, der nicht ein greifbar positives Ergebnis zeitigt?

Wir sind es aus den Naturwissenschaften gewohnt, die Wahrheit und Richtigkeit eines Prozesses durch das experimentelle Verfahren aufzeigen zu können; und wir neigen dazu, diese Methode auch auf den Bereich des geistlichen Lebens zu transponieren: unter den und den Bedingungen muß sich in angemessener Zeit ein bestimmtes Ergebnis einstellen. Setzen wir also zum Beispiel einen echten Glauben und ein gesundes menschliches Empfinden voraus, dann müßte ein froher, ausgeglichener Mensch oder eine „transzendentale Erfahrung" oder jedenfalls irgendein registrierbares positives Resultat herauskommen. Ergibt sich dieses Resultat nicht, so sind die Prämissen nicht in Ordnung: entweder ist der Glaube mangelhaft, oder der betreffende Mensch hat eine mehr oder weniger große Neurose. Wer bei sich selbst nach den Fehlerquellen des Experiments forscht, wird freilich am ehesten seinen ausgesprochen ungünstigen Laboratoriumsbedingungen die Schuld zuschieben: seiner Umgebung und seinen widrigen Lebensverhältnissen.

Leider gibt es aber im Bereich des Glaubens kein

solch untrügliches Verfahren und Beweisen. Das ist unsere Schwierigkeit, zumal uns heutzutage östliche Religionen und Meditationsformen scheinbar effizientere Methoden liefern, um rasch und sicher eine ausgeglichene Psyche und tiefe „Erfahrungen" zu erwerben; und wir möchten gern etwas Adäquates bieten können. Wer auch nur ein wenig „Transzendentale Meditation" treibt, kann die schlagartig positiven Auswirkungen auf seine Gehirnströme und sein Nervensystem am Meßgerät ablesen. Für unseren Glauben hätten wir gern etwas Entsprechendes.

Aber wer sich auf unseren Gott einläßt, der läßt sich auf ein Abenteuer mit unabsehbaren Folgen ein, und man kann nicht vorausberechnen, wie das Endresultat aussehen wird – zumindest nicht, wie es in *diesem* Leben aussehen wird.

## *Glaube, der uns Christus in seinem ganzen Schicksal gleichgestaltet*

Hans Urs von Balthasar hat unlängst einen für unser Thema sehr hilfreichen Aufsatz zur Charakterisierung der „Eigenart christlicher Mystik" veröffentlicht [6]. Er sagt darin unter anderem: Auf dem Weg des Glaubensgehorsams nach dem Vorbild Christi gilt „die entscheidende Maxime, daß nicht die *Erfahrung* einer Einigung mit Gott den Maßstab der Vollkommenheit darstellt, sondern der *Gehorsam*, der auch in der Erfahrung der Gottverlassenheit mit Gott genauso eng verbunden sein kann, wie in der erfahrenen Einigung. Während der synoptische Jesus am Kreuz den Schrei des Verlassenen ausstößt, sagt der johanneische: ‚Siehe, es kommt die Stunde, und sie ist schon da, wo ... ihr mich alle allein laßt. Aber auch dann bin ich nicht allein, denn der Vater ist mit mir' (Jo 16, 32). In der Verlassenheit genauso mit mir wie in der gefühlten Einigung. Somit wird dem auf dem Weg seines Meisters schreitenden Christen keinerlei unmittelbare (mystische) Gotteserfahrung verheißen; der Knecht soll ja zufrieden sein, wenn es ihm geht wie seinem Meister (Mt 10, 25), viel eher – als Endpunkt seiner irdischen Laufbahn – eine Konfigurierung an den gekreuzigten Herrn (so die Verheißung an Petrus: Jo 21, 18f) ... Die Kirche und in ihr der Christ (ist) dem gesamten Schicksal Christi gleichgestaltet: mitgekreuzigt, mitbegraben, mitauferstanden, mitaufgefahren – nach den Worten Pauli. Wann mehr der eine, wann mehr der andere Aspekt der Gleichgestaltung im Leben eines Christen oder der Kirche im ganzen hervortreten soll, liegt nicht in menschlichem Ermessen, sondern im alleinigen Verfügen des väterlichen Willens, dem es einzig zukommt, ‚Zeit und Stunde zu wissen', damit auch die Dauer von Zeit und Stunde, zum Beispiel die Dauer einer Epoche der inneren Verfinsterung."

Postuliert man nun, ein Christ, der wirklich aus dem Glauben lebt, müsse ein froher Christ sein, so unterstellt man allzu unbedacht, nur die Erfahrung der Osterfreude sei eine authentische, reife Glaubenserfahrung. Und das ist einseitig und unrealistisch. Hans Urs von Balthasar schreibt, „die Vorstellung, die in manchen Klöstern des Karmel noch unlängst herrschte, eine wahrhaft vollkommene Seele müßte in einer Ekstase der Liebe sterben", sei falsch. „Gerade vom Kreuz aus erscheint es zumindest als ebenso angemessen, daß sie – wie die Priorin in Bernanos' ‚Dialogue des Carmélites' – in einer gräßlichen, für die Umgebung ganz ‚unerbaulichen' Ekstase der Angst stirbt... Nie hat ein Christ das Kreuz hinter sich; nie kann er wissen, ob Gott ihn nicht in die Dunkle Nacht zurücktauchen will... Das sprechendste Bild der kleinen Therese ist der ‚Spielball', der der Mensch für das Jesuskind sein möchte, den es werfen, ans Herz drükken, aber auch durchlöchern oder ganz einfach liegen lassen kann."

Man kann also nicht einseitig die „frohen" Heiligen, wie Philipp Neri oder Don Bosco, zum Inbegriff christlicher Heiligkeit und Glaubwürdigkeit machen – oder sich ein willkürliches Bild von den Heiligen ausmalen. Wie vollkommen falsch und historisch unrichtig ist zum Beispiel das Klischee des Tierfreunds und Bruders Immerfroh, mit dem man die Gestalt des Franz von Assisi überdeckt hat! Man braucht damit nur einmal die Gesichtszüge des Heiligen auf den frühen Porträts in Subiaco und Assisi zu vergleichen, um zu spüren, welche Kluft ihn von allen Predigern franziskanischer Daseinsfreude und Unbekümmertheit trennt. Er gleicht da eher den ernsten Heiligen der Ikonen und dem abgehärmten Bruder Klaus.

## *Berufung zum Mitleiden mit Christus*

Die allen sichtbare, alle ansteckende Freude ist ein Charisma, eine Gnadengabe Gottes. Es gibt Menschen, denen sie geschenkt wird. Aber Jesus hat auch solche unter seinen Jüngern, die jetzt trauern und weinen, und er nennt sie selig, weil sie einst die Lachenden sein werden (Mt 5,4; par Lk 6,21). Und die Alten wußten von der „Gabe der Tränen", von der „Zerknirschung des Herzens". Benedikt wünscht, daß seine Mönche „stets mit gesenktem Kopf" gehen und „das Lachen meiden" sollen. Man darf das nicht zu vordergründig verstehen, als Verpflichtung zur Trübseligkeit und zum trostlosen Dahintrotten, sondern es kann Ausdruck einer Berufung zum Mit-Leiden an der Not und Unvollkommenheit der Welt sein, einer Seelenverfassung, wie sie zum Beispiel Reinhold Schneider in seinem „Winter in Wien" aufgezeichnet hat. Gott kann einen Menschen, der sich restlos ihm ausliefert, in einen Abgrund von Leid und Not stürzen, und dann versagen alle Sprüche von der Glaubensfreude, ja sie können die Not dieses Menschen noch qualvoll steigern, indem sie ihm den Stachel des Zweifels an der Echtheit seines Glaubens ins Fleisch bohren.

Beeinflußt von einer langen eigenen Tradition mit diesem Einschlag und neuerdings von der Meditationsbewegung, stellen wir uns die geistliche und psychologische Verfassung des Menschen allzugern in einem auf das Individuum beschränkten Schema vor: wer eine gewisse Reife- und Prüfungszeit im Glaubensleben bestanden hat, müßte eine Art „Durchbruch" erleben, und von da an müßte im Leben dieses Menschen die Erfahrung der Freude über diejenige von Schmerz und Trauer dominieren. Aber die Wirklichkeit sieht anders aus.

In der geistlichen Entwicklung eines Christen kann in der Frühzeit die Freude vorherrschen, und je tiefer er sich auf die Nachfolge Christi einläßt, desto mehr kann das Kreuz auf ihm lasten. Die Erfahrung des Dunklen und Schweren ist im Leben des Christen nicht einfach das Mittel und die Phase der Läuterung und Reinigung des Individuums, die Schwelle zur persönlichen Erfahrung von Licht und Freude, sondern sie kann auch sein – und ist sehr oft – die Teilhabe an der Passion Christi, das Hineingenommenwerden in das Leiden des Herrn, das sich in seinen Gliedern bis zum Ende der Geschichte fortsetzt. Das ist so, weil keiner „privat" zu Gott gelangt, sondern weil der Einzelne ein Glied der Gemeinschaft und des Leibes der Kirche ist, die als Ganze durch die Jahrhunderte hindurch sich entwickelt, Höhen und Tiefen durchmißt und geläutert wird, bis sie als makellose „Braut des Lammes" (vgl. Apk 21) erfunden werden kann. Deshalb können gerade geistlich tiefe, „fortgeschrittene" Menschen besonders stark zu dieser Erfahrung des Geläutertwerdens berufen sein, und zwar eines *kollektiven* Geläutertwerdens, das das Maß und die Notwendigkeit ihrer individuellen Läuterung weit übersteigt und zur Teilhabe am Stöhnen und Seufzen der gesamten Kreatur wird. Christliche Vollendung in diesem irdischen Leben besteht nicht darin, ein für allemal durch das Leiden „durch“ zu sein und darüberzustehen, sondern gerade der „Vollkommene“ wird immer wieder mit Christus mitten ins Leid hineingeschickt.

### *Wachsen im Glauben und in der Fähigkeit zum Mit-Leiden*

Das Wachstum im Glauben steigert die Sensibilität des Menschen, und zwar nach der positiven wie nach der negativen Seite hin. Den Heiligen werden unendliche Räume der Freude erschlossen, aber sie leiden auch am schlimmsten an sich und an der Unerlöstheit der Welt. Mit der Fähigkeit zur Vision der kommenden, anbrechenden Herrlichkeit steigert sich auch die Einsicht in die Tiefe des Abgrunds der Bosheit und Gottwidrigkeit. Die Waagschalen des Empfindens werden auf beiden Seiten stärker beladen, und darum ist es nicht ausgemacht, daß der Balken sich besonders stark auf die Seite der Freude neigen muß. Das bringt in das Leben des Glaubenden eine große, oft ungeheure und zuweilen kaum mehr zu ertragende Spannung.

Gemessen an dieser Erfahrung, muß sehr vieles, was uns als „christliche Freude“ angeboten und zur Nachahmung empfohlen wird, als zu leicht befunden und als irreführend bezeichnet werden. Glaubwürdiger als die Mitglieder einer christlichen Sekte, die mit der Klampfe durchs Krankenhaus ziehen, geradezu penetrant dank Jesu Liebe „happy“ sind und allen zurufen, sie seien erlöst, ist der Mann, der zwar nicht in Jesus lacht, vielleicht nicht einmal ein Lächeln zustande bringt, aber sein Krebsleiden im Glauben tapfer und unauffällig trägt. Ja, nach Ausweis der Schrift ist der Glaube des lamentierenden Ijob weit solider als derjenige seiner „glaubensfrohen", neunmalklugen Freunde, denen ganz einfach die Fähigkeit zu tieferen Empfindungen abgeht.

Ich bezweifle stark, ob das frisch-fromm-fröhlich-freie Christentum, um das wir heute die Sekten zuweilen fast heimlich beneiden, imstande sein wird, der Frohen Botschaft neue Leuchtkraft zu schenken. Genügt es nicht, daß uns von allen Plakatwänden und Illustrierten-Titelseiten eine ewig lächelnde, mitleidlose Menschenrasse anstrahlt? Der immer frohe Christ könnte leicht zur nichtssagenden Variante dieses Klischees werden. Einer, der um der Liebe Christi willen mit den heutzutage zum Weinen Verurteilten weint, könnte ihnen eher eine Ahnung der Nähe und des Mit-Leids unseres Gottes schenken als einer, durch dessen allzu unbefangenes Lachen sie sich unverstanden, ja ausgelacht vorkommen müssen. Vielleicht werden die Historiker und Theologen in hundert oder zweihundert Jahren, wenn sie unser gesamtes Zeitalter aus der Entfernung besser in den Blick nehmen können als wir, über uns sagen, wir Christen im Abendland hätten in der zweiten Hälfte des 20. Jahrhunderts zwar viel von der Not und dem Elend der übrigen zwei Drittel der Menschheit geredet, und wir hätten auch etliches zur Linderung dieser Not gespendet, aber im Grunde sei sie uns nicht zu

Herzen gegangen, sondern für unseren Hausgebrauch hätten wir uns eine Theologie des Spielens, der unbefangenen Daseinsfreude und der Lusterfüllung gebastelt. Und sie werden sich vielleicht verwundert fragen, wie es nur möglich war, daß uns nicht aufgefallen ist, wie sehr wir die Theologie zur Rechtfertigung unseres bequemen, in Wohlstand gebetteten Christentums mißbraucht haben.

Ein engagierter Christ ist grundsätzlich nicht froher und nicht trauriger als ein anderer Mensch, sondern seine Freude *und* seine Traurigkeit sind intensiver. Die Schwierigkeit bleibt, daß man unseren Glauben nicht eindeutig *beweisen* und in seiner Effizienz nicht mit den Methoden der empirischen Sozialforschung messen kann. Unser Leben ist und bleibt ein gutes Stück weit „mit Christus verborgen in Gott" (Kol 3,3).

### *Die verborgene, verhüllte Freude*

Ist damit in Abrede gestellt, daß das Leben des Christen, konsequent gelebt, normalerweise die „Früchte des Heiligen Geistes", Liebe, Freude und Frieden (vgl. Gal 5,22), also doch etwas Erfahrbares, zeitigen müßte? Natürlich nicht. Nur dürfen wir diese Früchte nicht auf einer zu oberflächlichen Schicht des Lebens erwarten. Es ist herzerfrischend, einem frohen, gelösten, gläubigen Menschen zu begegnen, der um sich ein Klima des Optimismus und der Zuversicht verbreitet. Aber wer kann sagen, wieviel davon er ganz einfach seinem glücklichen Naturell verdankt oder einer unschuldigen Naivität, die ihm die Konfrontation mit Fragen erspart, von denen ein anderer, dessen Glaube mindestens genauso tief ist, bedrängt wird?

Und umgekehrt: Wer kann sagen, wieviel verborgenes Leid und wieviel unauffällig getragene Einsamkeit und Not dieser nach außen so heitere Mensch überstanden hat oder insgeheim immer noch zu bestehen hat? Und noch einmal umgekehrt: Wer kann sagen, ein nach außen besorgt, ja verspannt und unerlöst wirkender Mensch kenne nicht die Freude? Seine Freude kann sehr verborgen sein. Vielleicht ist sie nur ein verkapseltes Samenkorn unter einer tiefen Schicht von Schmerz und Zweifeln; eine letzte Gewißheit, mitten im Finstern, daß sein Zustand *so* und nicht anders sein muß, und daß es *so* seinen – wenn auch im einzelnen unfaßbaren und nicht aussprechbaren – Sinn hat. Sie kann in einer Erkenntnis bestehen, die ganz nackt und bloß ist und nicht bis an das Fühlen und Empfinden reicht: die Freude des Fisches, im Netz Gottes gefangen zu sein, und zugleich doch ein Zucken und Sich-Aufbäumen mit allen Fasern seines Wesens gegen den Tod, der gestorben werden muß. Daß ein Mensch, der *diese* Art Freude erfährt, nach außen sehr viel verspannter wirken kann als einer, für den das Glaubensleben eine Art Lebensversicherungsunternehmen ist, bei dem man mit relativ geringen Beiträgen eine letzte Sicherheit erwerben kann, und der deshalb eitel Ausgeglichenheit und Problemlosigkeit ausstrahlt, darf nicht wundernehmen; es darf aber auch nicht zu Fehlschlüssen führen.

Der Christ kann zu einer sehr intensiven Teilnahme an der Passion seines Meisters berufen werden, habe ich oben dargelegt. Dazu muß ich freilich ergänzend sagen, daß wir post Christum natum und post Christum passum et resurrectum nie mehr in jenes abgrundlose einsame Leiden und Sterben fallen können, in das Christus gestürzt ist. Seit er in die Hölle hinabgestiegen ist, ist ihre Macht gebrochen und ist er bei seinem Jünger dort; ja, sein Jünger wird mit ihm um so mehr eins, je tiefer er darin hineingetaucht wird. Das „weiß" und „erfährt" dieser Jünger auch. Beide Wörter habe ich hier in Anführungszeichen gesetzt, weil dieses „Wissen" und dieses „Erfahren" sozusagen jenseits unseres Verstehens und unseres Wahrnehmens liegt und auf ein letztes, undenk- und unfühlbares Gehaltenbleiben reduziert sein kann. Aber diese Art „Freude", die in große Trauer eingehüllt sein kann, wird ein solcher Mensch gegen keine andere Freude eintauschen wollen. Und sie wird für jeden anderen in der Umgebung dieses Menschen, der ein Gespür dafür hat, auch wahrnehmbar sein. Doch braucht man wirklich ein Gespür dafür. Auf dem Marktplatz findet man sie nicht.

# 5

## Eine Erfahrung des Karsamstags

In einem Kreis von Freunden ergab sich im Gespräch ein Austausch darüber, welcher Tag des Kirchenjahres jedem einzelnen von seiner Erfahrung und seinem inneren Empfinden her am nächsten stehe. Dem einen war Weihnachten mit seiner Wärme, seinen Lichtern und seiner Botschaft von der Menschenfreundlichkeit und Nähe Gottes das liebste Fest. Ein anderer fand seine christliche Grunderfahrung am besten im Ostermontag mit seinem Evangelium vom Gang nach Emmaus zum Ausdruck gebracht. Ein dritter sagte, er finde sich und seine Situation am besten wieder in den neun Tagen zwischen Christi Himmelfahrt und Pfingsten, in dieser Zeit, da der Herr die Seinen verlassen habe und alle im Gebet auf den versprochenen Heiligen Geist gewartet hätten.

Mir selbst ist bei diesem Austausch aufgegangen, daß „mein" Tag seit etlichen Jahren der Karsamstag ist: in diesem Tag finde ich mich mit meiner Erfahrung von Gott und von der Welt und mit meiner Berufung am besten wieder. Das mag sich irgendwann ändern, und das untrennbar Ganze unserer Glaubenswelt kann sich mir dann unter einem anderen Blickwinkel erschließen. Gegenwärtig jedenfalls ist mir der Karsamstag der dichteste Ausdruck dessen, wovon ich und wie ich im Glauben lebe. Als ich mir dessen deutlicher bewußt geworden war, fand ich, daß einige grundsätzliche Probleme und Glaubensfragen, die sich vielen Christen von heute stellen – und oft sehr notvoll und drängend – einen tieferen Sinn erhielten und sich geradezu als besonders intensive Möglichkeit enthüllten, in der Vereinigung mit Christus zu leben. Diese Ahnung, daß die scheinbare Abwesenheit und das Schweigen Gottes eine dichte Form seiner Nähe und seiner wesenhaften Mitteilung sein könnte, hatte für mich etwas österlich Befreiendes an sich, und ich fühlte mich gedrängt, „hinzugehen und es meinen Brüdern zu melden" (vgl. Mt 28,7.10). Aus diesem Anliegen sind die folgenden Seiten geschrieben.

Bekannte Autoren, wie Adrienne von Speyr, Hans Urs von Balthasar und Karl Rahner, haben schon vor Jahren theologisch gründlich und systematisch über den Karsamstag geschrieben. Ich habe ihre Ausführungen bewußt *nicht* mehr nachgelesen, bevor ich mich daranmachte, das folgende zu formulieren. Denn hier möchte ich jetzt nicht eine systematisch abgerundete „Spiritualität des Karsamstags" entfalten, sondern ganz einfach beschreiben, was mir selbst im Karsamstagsgeheimnis aufgegangen ist; wie ich daraus im Glauben leben kann, und welche Fragen oder Hinweise ich darin gefunden habe. Vielleicht kann ich so einigen Menschen ein klein wenig helfen, das Geheimnis ihres Lebens und Glaubens tiefer zu erfassen und in einer womöglich ganz prosaischen, scheinbar ganz gott-fernen Situation staunend zu erkennen:

„Wahrhaftig, der Herr ist an diesem Ort, und ich wußte es nicht!" (Gen 28, 16), so wie es in der Genesis dem Patriarchen Jakob ergangen ist, der auf der Flucht vor seinem Bruder ungeschützt im Freien auf einem nackten Feldstein schlief und dem unversehens geoffenbart wurde, er weile im Haus Gottes und stehe an der Pforte des Himmels.

## *Der Tag der nackten Wirklichkeit und des Schweigens*

An den Hochfesten des Kirchenjahres, ja im Grunde bei jeder Meßfeier beunruhigt mich eine gewisse Hilflosigkeit, das, was da gefeiert wird, wahrzuhaben und mich davon zutiefst erfassen und prägen zu lassen: immer fühle ich mich Wirklichkeiten ausgeliefert, die meine Fassungskraft übersteigen. Das ist vor allem in der Kar- und Osterwoche der Fall. Eine Zeitlang habe ich diese Wochen fast gefürchtet: diesen Abgrund der Passion und diesen Aufschwung des Osterjubels, dieses Leid und diese Freude, die zu überwältigend waren, als daß ich sie hätte mitvollziehen und aushalten können.

Zwischen diesen beiden Wochen aber steht der Karsamstag, dieser Tag ohne Leid und ohne Freude. Es ist der Tag der Schmucklosigkeit und der Entblößung. Unsere Klosterkirche, ohnehin bildlos und auf das Wesentliche beschränkt, ist an diesem Tag vollends der Ausstattung beraubt: der Altarblock steht grob und nackt im Raum, und an der Stelle der Kerzen starren nur die leeren, spitzen Dorne der Leuchter. Das ungefärbte Licht, das durch die hohen Fenster fällt, trifft nur die baren Elemente von Stein und Holz. Und entsprechend einfach ist die Liturgie dieses Tages, beschränkt auf den Pulsschlag des Stundengebets, in dem von einer Art Ruhe und Frieden die Rede ist, die ich zu fassen vermag.

Alles an diesem Tag kommt mir echt vor – echter als an jedem anderen Tag des Jahres. Hier sind keine Bilder, die die Wirklichkeit übermalen, hier wird nichts gefeiert, was meine Erfahrung noch nicht einholen kann; hier ist kein Pathos, das meinem Mißtrauen, meinen Zweifeln und meinem kritischen Geist Stoff bieten könnte: keine Dramatisierung irgendeines Leides und keine Verklärung irgendeines Sieges, sondern die Tatsächlichkeit meiner eigenen Gegenwart zwischen Sterben und Auferstehen. Hier wird ganz einfach das Leben, wie es ist, ausgehalten, eingespannt zwischen einen unbegreiflichen Karfreitag und ein unfaßliches Ostern. Hier steht die Zeit für einen Augenblick still und mutet mir nicht zu viel Leid und nicht zu viel Freude zu. Hier ist Sabbat, der Sabbat meines eigenen Lebens. Hier muß ich nichts mehr begreifen und mitvollziehen, sondern hier kann ich mich einfach der Wirklichkeit überlassen und *da* sein.

Was ich gegenüber der Liturgie empfinde, das erfahre ich auch mit den Dramen und Festen des Lebens überhaupt: eine große Hilflosigkeit, sie fassen zu können. Angesichts des unermeßlichen Leids, das Menschen in unserem Jahrhundert erfahren und um das wir – anders als die Menschen früherer Zeiten – allzu genau wissen: was soll ich da noch empfinden, was soll ich da noch sagen? Ist es möglich, sich auf viele menschliche Tragödien wirklich seelisch einzulassen? Oder müssen wir notwendig den „Wärmetod des Gefühls" sterben, müssen die Berichte und Eindrücke des Leidens anderer von der Außenhaut unseres Bewußtseins abstreifen, um weiterleben zu können?

Am Karsamstag ahne ich eine andere Möglichkeit: die Möglichkeit, mich an einem Ort in der Tiefe anzusiedeln, wo alles Leid der Welt zusammenfließt und gesammelt wird in einem Über-Leid, das kein Leiden mehr ist und keines mehr sein kann, sondern das nur noch wort- und fühlloses Da-sein und Mit-sein ist und das aussieht wie der Tod.

Der Karsamstag ist der Tag der ausgeweinten Augen: keine Tränen sind mehr übrig. Es ist der Tag nach den Schmerzen: das Leid hat seinen Höhepunkt und seine äußerste Toleranzschwelle überschritten, und Schmerz und Schmerzlosigkeit fallen jetzt zusammen. Er ist der Tag der Empfindungslosigkeit: er birgt weder Freude noch Trauer, denn die Freude ist unglaubwürdig geworden oder noch nicht erreichbar, und die Trauer ist nicht mehr zu fassen. Er ist der Tag der Wortlosigkeit: alle Wörter sind abgegriffen, haben den Klang der Phrase, können nicht helfen, sondern nur übertönen. Er ist der Tag ohne Gebet: denn das Wort des Vaters selbst ist verstummt in seiner radikalen Auslieferung. Der Karsamstag ist der Tag des Nullpunkts, an dem ich nur noch sagen kann – und nur noch zu sagen brauche: Ja, so ist es.

## *In der innersten Tiefe des Lebens*

Es gibt eine Trauer aus der Tiefe der Welt, die wie ein grundloser See ist, der den sich über ihn Beugenden immer tiefer hinabzuziehen und in seinem Abgrund zu verschlingen droht. Die Trauer des Karsamstags empfinde ich anders: sie ist ein Verstummen in einen fühl- und erfahrungslosen Frieden hinein – aber in einen Frieden. Reinhold Schneider hat ihn einmal so beschrieben, als er von Johannes vom Kreuz sprach: „Wie er alles Leid Gottes Händen anbefahl, wurde er ruhig; er sah die Schmerzen unter die Menschen verteilt wie geheimnisvolle Münzen, deren Wert erst im Jenseits offenbar wird. Und was immer heillos schien, das wies hinauf zu seinem verborgenen Sinn ... War in diesem Dasein nicht der ganze Gehalt des Lebens beschlossen? Er lebte wie am Grund des Meeres, den Menschen nicht mehr erreichbar und gleichgültig gegen alles, was sie wider ihn ersinnen mochten, aber erfüllt von einem Frieden, der den Anteil an den Gütern der Welt aufwog. Nun erst fühlte er erschaudernd, daß die Armut das köstlichste Eigentum ist; daß in der innersten Tiefe des Lebens die Werte sich verändern und das, was die Menschen das Nichts nannten, das höchste Gut umhüllt."[7]

Ein Dasein, in dem der ganze Gehalt des Lebens beschlossen ist, sozusagen in seiner unermeßlichen Vielfalt komprimiert zu einem Kern ohne Geschmack, zu einer Hostie; leben wie am Grunde des Meeres, in der restlosen Armut, in der innersten Tiefe des Lebens; existieren in dem, was die Menschen das

Nichts nennen: in dieser Beschreibung fand ich das Wesen meiner Berufung zum Mönch formuliert und das, was ich darin erfahre; diese Unfähigkeit, irgend etwas adäquat zu erfassen, dieses Begreifenwollen und Nichtbegreifenkönnen, diesen Hunger und Durst nach Gott, dessen Leidenschaftlichkeit sich immer mehr wandelt in eine Art Sterben und Fühllos-Werden vor ihm.

## *Eine Erfahrung des Sterbens*

Einmal habe ich mich auf die Pritsche in der Eremitage gelegt und mir vorgestellt, daß dies der Augenblick meines Todes sein könnte. Ich lag dort in derselben Stellung, in der ich eines Tages mitten im Chor auf dem Totenbrett liegen werde. Wie in konzentrischen Kreisen löste sich mein Geist nach innen hin von allem ab: vom Universum, von meiner Umgebung, von meinen Plänen, Freuden und Ängsten, von meinen Sinneseindrücken, von meinem Leib, bis nur noch in einer tiefen Stille und Einsamkeit ein winziger Punkt meiner selbst übrigblieb, reglos, zeitlos, raumlos. Es hätte nur noch eines winzigen Schrittes bedurft, und er wäre vollends zu Null geworden und wäre durch das enge Öhr des Zunichtewerdens geglitten – wohin? Ich ahnte eine unfaßbare neue Welt von unendlicher Weite, in einer absoluten Stille und Klarheit. Aber das war nur Ahnung, nicht Erfahrung.

Hatte das überhaupt etwas mit Gott zu tun, oder war es lediglich eine psychologische Übung, ein fragwürdiges Sich-selbst-Reduzieren auf einen Zustand der Empfindungslosigkeit, in dem man die Welt und Gott endgültig vergißt? Ramon Llull spielt wohl auf eine solche Möglichkeit an, wenn er in einem seiner Verse „Vom Liebenden und Geliebten" sagt: „Der Schlaf überfiel den Liebenden, denn er hatte sich nach seinem Geliebten müde gesucht. Und er lag in Furcht, seines Geliebten zu vergessen. Da weinte er, damit er nicht in Schlaf versinke und die Erinnerung an seinen Geliebten verliere."

Und sehr anschaulich und klar hat Jan van Ruysbroeck eine fragwürdige Form des Zur-Ruhe-Kommens beschrieben: „Alle Geschöpfe sind von Natur zur Ruhe geneigt; und darum wird die Ruhe gesucht von Guten und Bösen auf mannigfache Weise.

Nun merket euch: Wenn der Mensch bloß und bildlos ist nach den Sinnen und müßig, ohne Tätigkeit den obersten Kräften nach, so gelangt er rein natürlich zur Ruhe. Und diese Ruhe können alle Geschöpfe finden und in rein natürlichem Zustande ohne Antrieb der Gnade Gottes in sich besitzen, wenn sie sich nur von Bildern entledigen und von jeglicher Tätigkeit losmachen können. Der liebende Mensch kann aber hierin keine Ruhe finden, denn die Liebe und das innerliche Rühren der Gnade Gottes rasten nimmer, und deshalb kann der innige Mensch in seinem Innern nicht lange in (rein-)natürlicher Ruhe verharren.

Betrachte aber nun die Art und Weise, wie man diese natürliche Ruhe pflegt. Es ist das ein Stillsitzen ohne Übung, weder von innen noch von außen, in Untätigkeit, nur damit der Ruhezustand eintritt und ungestört bleibe. Die Ruhe jedoch, die auf diese Weise geübt wird, ist unerlaubt, denn die bewirkt im Menschen eine Erblindung in Nicht-Wissen und ein müßiges In-sich-Versunkensein. Und diese Ruhe ist bloß ein Müßigsein, in das der Mensch verfällt, während er sich selbst, wie auch Gott und alle Dinge vergißt, wo immer es gilt, tätig zu sein. Diese Ruhe ist der übernatürlichen Ruhe, die man in Gott besitzt, entgegengesetzt, denn selbige ist eine minnigliche Zerflossenheit (verbunden) mit einem einfachen Blick in das unbegreifliche Licht. Diese Ruhe in Gott, die immer mit innigem Verlangen tätig erstrebt, in genießender Neigung gefunden, und in Zerflossenheit der Minne ewig besessen, und die einmal besessen, dennoch immer erstrebt wird, diese Ruhe ist über die natürliche Ruhe so hoch erhaben, wie Gott über alle Geschöpfe erhaben ist.

Und deshalb sind alle diejenigen betrogen, die sich selbst suchen, die in natürliche Ruhe verfallen und Gott weder mit Begierde suchen noch in genießender Liebe finden. Denn die Ruhe, die sie haben, beruht in einem Ledigsein ihrer selbst, wozu sie von Natur und aus Gewohnheit geneigt sind. Und in dieser natürlichen Ruhe kann man Gott nicht finden; aber wohl führt sie den Menschen in eine Ledigkeit, die sowohl Heiden als Juden finden können wie auch alle Menschen, so böse sie auch sein mögen, wofern sie ohne Gewissensbisse in ihren Sünden dahinleben und sich von Bildern und jeglicher Tätigkeit freimachen können. In dieser Ledigkeit ist die Ruhe genußreich und groß. Diese (Art der) Ruhe ist in sich keine Sünde, denn sie ist von Natur in allen Menschen, sofern sie sich entledigen können. Will man sie aber üben und erlangen ohne die Werke der Tugend, so fällt der Mensch in geistige Hoffart und in eine Selbstgefälligkeit, wovon man nur selten geneset. Und bisweilen wähnt ein solcher, das schon zu besitzen und zu sein, zu dem er niemals kommen wird. Wenn der Mensch jene Ruhe in falscher Ledigkeit also besitzt und jede liebende Hinkehr ihm eine Hemmung zu sein scheint, dann bleibt er in seiner Ruhe an sich haften und lebt im Widerspruch mit der ... Weise, die den Menschen mit Gott vereinigt, und das ist der Anfang aller geistigen Verirrungen."[8]

## *Zwei Formen der Nicht-Erfahrung*

Es gibt also zwei Formen der Nicht-Erfahrung, der Ruhe, der Nacht, die sich zum Verwechseln ähnlich sind. Die eine kommt zustande, wenn der Mensch alle Fühler und Antennen der Wahrnehmung, der Kommunikation, des Empfindens und des Liebens einzieht und sich selbst zu „Nichts" oder jedenfalls zu einer verkapselten Monade reduziert; und die andere stellt sich ein, wenn der Mensch alle diese Fühler und Antennen der Wahrnehmung, der Kommunikation, des Empfindens und des Liebens so weit ausstreckt, daß sie am Über-Maß des Erfahrenen bersten und zerbrechen. In beiden Fällen enthält dieser Zustand und dieser Raum der Leere, des völligen Schweigens und des „Nichts" zwar selbst „nichts", aber er ist umgeben und wird sozusagen qualifiziert von zwei sehr unterschiedlichen Formen der Lebenspraxis und des Gebets. Im Zentrum, im Kern selbst lassen sich diese beiden Zustände sehr schwer voneinander unterscheiden; aber von ihren Zugangswegen und „Rändern" her können sie doch deutlich in ihrer jeweiligen Eigenart bestimmt werden.

Ich habe aufgehört, mich in der geschilderten Weise in die Situation meines Sterbens zu versetzen, weil ich mich frage, ob das fruchtbar ist, und ob diese Übung nicht eine ganz eigene Sogwirkung entwickeln könnte, hin zu jener fragwürdigen „natürlichen" Ruhe, von der Ruysbroeck spricht. Ja, ob sie nicht eine Versuchung zur Vermessenheit darstellt, mit dem eigenen Tod zu spielen und zu hantieren, mit diesem Widerfahrnis, das nicht in die Verfügung des Menschen gestellt ist. In Dostojewskis „Dämonen" begeht der Ingenieur Kiriloff Selbstmord, um damit Gott die Herrschaft über den Tod aus der Hand zu reißen. Und in unseren Tagen hat Jean Améry das Recht auf den „Freitod" propagiert und praktiziert: als äußerstes Privileg und Würdezeichen menschlicher Freiheit und Autonomie gegenüber dem Unberechenbaren. Das aber ist die letzte Konsequenz der Verkehrung der Haltung liebender Verfügbarkeit und Hin-Gabe in die Geste des trotzigen Hin-Werfens und stolzen Selbermachens, die heute versteckt und unterschwellig in vielen Formen meditativen Übens und Sichlassens mitspielen mag, in vielen Versuchen, absolut Unverfügbares mittels Methode und Technik verfügbar zu machen. Damit sollen nicht in Bausch und Bogen alle methodischen Übungen des Meditierens und Stillwerdens verdächtigt werden. Sie haben ihren Sinn und ihre Berechtigung, wo sie das bereite Sich-Hinhalten und Gewärtigsein fördern; doch ist es wichtig, ihre Grenzen deutlich zu markieren.

## *Der innerste Kern unser selbst*

Indes ist mir aus dieser Erfahrung eines sehr deutlich geworden: daß es bei all meinem Suchen nach Gott und den Menschen im Wesentlichen darum geht und gehen muß, nicht irgend *etwas* zu tun oder zu erfahren, sondern mich selbst mit jenem innersten, nackten Kern meines Wesens, den ich in dieser Übung verspürt habe, Gott und den Menschen hinzuhalten.

Das meiste, was wir gewöhnlich erfahren und verrichten, in der mitmenschlichen Liebe genauso wie in der Liebe zu Gott, bewegt sich auf einer gewissen Oberflächenschicht: wir verschenken *etwas* von uns – Gefühle, Gedanken, unsern Leib, irgendwelche Güter, unsere Zeit, unsere Arbeitskraft –, aber nicht eigentlich uns *selbst.* Uns selbst haben wir nicht in der Hand, uns selbst können – und oft: wollen – wir nicht verschenken. In den Fällen, wo wir es ehrlich meinen, sollen all die *Dinge,* die wir verschenken, Ausdruck unseres Willens sein, uns *selbst* zu verschenken; ja, sie sollen auf jenen Kern unseres Wesens, den wir nicht unmittelbar zu erfassen und zu beeinflussen vermögen, mittelbar einwirken, daß er von dieser Bewegung des Verschenkens miterfaßt werde und ihr ihre eigentliche Tiefe, Nachhaltigkeit und Wesentlichkeit verleihe. Dieser Kern unseres Wesens scheint von einer sehr großen Trägheit und Unbeweglichkeit zu sein; es bedarf sehr vieler Gesten, Taten und Äußerungen der Liebe, der Hingabe und des Dienstes auf der Ebene des Alltäglichen und Bewußten, bis er in seiner Tiefe des Unbewußten „mitzieht" und sich wesentlich verändert. Selbst ein Heiliger von so großer Radikalität wie Niklaus von der Flüe hat offensichtlich diese Erfahrung gemacht und sie in seinem Gebetsruf formuliert: „Herr, nimm mich mir und gib mich ganz zu eigen dir!" Obwohl er doch kompromißlos seine ganze Existenz Gott ausgeliefert hatte, empfand er, daß nur Gott selbst sein schweres, eigenwilliges Ich der Tiefe bewegen konnte, diese Auslieferung mitzuvollziehen und endgültig wahr werden zu lassen.

Gott liegt nicht an den vielen Worten unserer Gebete (vgl. Mt 6,7–8), sondern an dieser wesentlichen Hingabe unser selbst. Die Worte – unter Umständen durchaus auch die *vielen* Worte – sind mehr um unseret-, als um Gottes willen da. Sie haben ihren Sinn, wenn sie uns durchwirken und unser Wesen bis in seine Tiefen, bis zum Kern auf Gott hin öffnen. Aber sie haben auch immer ihre Gefahr: daß sie sich verselbständigen und ein Zweck, ein Werk, ein Genuß für sich werden, und schließlich ein Ersatz für die Hingabe des Wesens. Wenn ich an die fünf Stunden denke, die ich täglich mit Chorgebet verbringe, so kommen sie mir vor wie ein großer Sandberg, den ich vor Gott hinschleppe; darin sind ab und zu einige winzige Goldkörner echter Hingabe – und nur diese paar Körner sind wesentlich. Sie treten ganz unberechenbar auf, und eine Methode, sie im vorhinein herauszufiltern, nur sie darzubringen und sich damit das Schleppen des ganzen Sandes, in dem sie stecken, zu ersparen, gibt es leider nicht. So bleibt diese beharrliche, hilflose Geste des Hinschleppens eine wichtige Aufgabe. Sie erfaßt hoffentlich immer mehr mein ganzes Wesen bis in seine tiefsten Schichten, so daß ich wirklich insgesamt einer werde, der – bewußt, unbewußt, unterbewußt – nichts anderes mehr tut und tun will als sich vor Gott hinschleppen und mit sich alle die Menschen, an denen er Anteil hat und die ihm verbunden sind.

## *Vom Zeichen zur Wirklichkeit*

Der Karsamstag erscheint mir als der Tag, an dem die Gesten, die Zeremonien, die Übungen, die Gebete, die guten Gedanken aufhören – all das, womit wir unsere Wirklichkeit darstellen, aber zugleich auch immer *ver*stellen können. Am Karsamstag bleibt nur diese Wirklichkeit *selbst* übrig, wort-, erfahrungs-, bildlos: keine Liturgie des Leidens und Sterbens mehr, kein Ablauf, keine Bewegung mehr, sondern der bare Zustand des Gestorbenseins. Da gibt es nichts mehr zu fühlen, zu erfahren, zu sagen. Da wird nicht einmal mehr ein Sakrament gefeiert. Was im Fronleichnamshymnus gesungen wurde: „... et antiquum documentum novo cedat ritui": das alte, blutige Opfer von

Stieren und Böcken weiche dem neuen Ritus des sakramentalen Opfers Christi, das wird, um eine Stufe höher, noch einmal am Karsamstag gefordert: hier soll wiederum das „alte" sakramentale Opfer dem neuen, endgültigen Ritus weichen, der kein Ritus mehr ist: der Wirklichkeit des Geopfertseins. Hier tritt die Existenz an die Stelle des Ritus und hebt ihn auf, indem sie ihn bis in seinen letzten Sinn erfüllt – so wie bei einem noch nicht getauften Bekenner Christi das Martyrium als „Bluttaufe" an die Stelle der Wassertaufe tritt: was der Taufritus im Zeichen vermittelt – das Hineingenommenwerden in den Tod und das Auferstehen Christi –, das vermittelt diesem Martyrer sein völlig „unliturgischer" Tod existentiell. Gedanke, Betrachtung, Gebet, Ritus: all das zielt auf diesen existentiellen Vollzug und hebt sich schließlich – spätestens in der Sterbestunde jedes Menschen – in ihm auf.

Könnten wir daraus nicht schließen, daß wir heute in einer Zeit leben, in der wir sehr intensiv zu diesem existentiellen Vollzug hingeführt werden sollen? Das 20. Jahrhundert ist das Jahrhundert der maßlosen Schlacht- und Brandopfer, die jede Interpretation, jede Rechtfertigung, jeden frommen Spruch, jeden Ritus verstummen lassen. Heute steht die Wirklichkeit des Karsamstags so ungeheuer, so unvermittelt, so schonungslos im Raum, daß wir *nur noch schweigen* können. Wenn aber die Wirklichkeit derart unmittelbar nach uns greift: dürfen wir uns dann noch allzuviel den Kopf zerbrechen, wie wir all die Mittel, die Zeremonien und die Bräuche, die zu ihm hinführen sollten, „retten" und „erhalten" können? Könnten sie uns nicht unter der Hand zu Vorwänden und Ablenkungen werden, die uns den *Blick auf die nackte Realität* nur verstellen und verschleiern?

In unserem alten Brevier stand die erbauliche Geschichte vom heiligen Bischof Wilhelm, der in seiner Sterbestunde aus dem Bett stieg, seine Pontifikalgewänder auszog und sich zum Sterben auf den bloßen Boden legte. Er hatte offensichtlich in letzter Minute, aber immerhin noch rechtzeitig, erfaßt, daß in diesem Augenblick alle Liturgie und alles Rollenspiel aufhörte und die Wirklichkeit begann.

### *Die Krise der religiösen Erfahrung*

Unter den nachgelassenen Schriften von Romano Guardini findet sich ein Brief vom 18. 12. 1963, der „vom Schwinden der religiösen Erfahrung" handelt. Guardini schreibt darin u. a.: „Sehr früh hat mich die Religionspsychologie und -philosophie von Rudolf Otto auf der einen Seite, die Theologie von Kierkegaard auf der anderen auf den wesentlichen Unterschied aufmerksam gemacht, der zwischen religiöser Erfahrung und Glaube, zwischen dem numinosen Charakter der Welt- und Lebenswirklichkeit und der Offenbarung besteht. Mir wurde deutlich, daß die Erfahrungen, Akte, Einsichten, Gestaltungen usw., welche die erste Gruppe bilden, zur Natur des Menschen gehören, während die zweite Gruppe auf freier Gnade ruht. Die zur ersten Gruppe gehörenden Momente werden um so stärker, je weiter man geschichtlich zurückgeht; sie nehmen in dem Maße ab, als die wissenschaftliche, technische, lebenorganisierende Entwicklung voranschreitet. ‚Das Religiöse' ist ein psychologisch-kulturelles Moment, das sich – als solches – auch mit der Geschichte verändert, und zwar so, daß es, wenn ich recht sehe, beständig abnimmt ...

Eine genauere Prüfung führt zu der Vermutung, daß vieles von dem, was in einem summarischen Sinne ‚Religion' hieß, ja der Glaubensakt selbst zu einem guten Teil aus ‚religiösen' Elementen bestand. Damit erwacht das Problem, ob denn Offenbarung und Glaube selbst mit jenem Abnehmen der religiösen Erfahrungen und Lebensakte abnehmen müsse.

... Fällt mit diesem religiösen Element der Welt auch die Offenbarung dahin? Wird mit dem religiösen Erfahren auch das Glauben sinnlos? ...

Die größte Gefahr, die zerstörendste Gegenmacht wider den Glauben scheint mir aber nicht in angebbaren Schwierigkeiten, Einwänden usw., sondern in der seelischen Entleerung zu liegen, die dadurch vor sich geht, daß das unmittelbar Religiöse immer schwächer wird. Dadurch wird der Glaube, werden die religiösen Akte, werden Gottesdienste, Sakramente usw. mühsam. Der Eindruck entsteht, sie seien im Grunde überflüssig; es gehe auch ohne sie ... Der durch die ganze Welt gehende Atheismus scheint seinem realen Grund nach hierin zu bestehen ...

Was bedeutet das alles für die christliche Erkenntnis und das christliche Leben, für Unterweisung und Erziehung?

Es kann sich nicht darum handeln, es zu ignorieren oder aber die verfliegende religiöse Erfahrung künstlich durch suggestive bzw. pädagogische Methoden zu verlebendigen. Die Frage muß vielmehr klarer gestellt werden: Wie sieht echter Glaube an die Offenbarung in einem Menschen bzw. in einer Epoche aus, in welcher jene Verflüchtigung des ‚Religiösen' beherrschend geworden ist? Gehört er selbst zu einer bestimmten Periode der geschichtlichen Entwicklung oder ist er für jede möglich, ja verpflichtend? Wenn ja: müssen wir dann annehmen, es gebe eine geschichtlich bedingte Situation des, psychologisch gesprochen, ‚nackten' Glaubens, des Glaubens ohne religiöse Erfahrung – so wie, zum Beispiel, die Lebensgeschichten großer christlicher Persönlichkeiten, aber auch Erfahrungen es nahezulegen scheinen, die jeder Glaubende in bestimmten Stunden des Lebens, vor allem aber im Alter macht, wonach der Glaubensakt nur als ‚Leistung', als Treue, als durch keine Gefühlsmomente gestützter Realismus vollzogen wird?"[9]

## *Die Krise einer bestimmten Form des Mönchslebens*

Im 19. und in der ersten Hälfte des 20. Jahrhunderts haben sich die Klöster, namentlich diejenigen der benediktinischen Familie, einen Namen gemacht als Stätten der liturgischen und der – in dem von Guardini angesprochenen Sinn – religiösen Kultur. So nimmt es nicht wunder, daß auch heute noch weithin von ihnen erwartet wird, sie müßten feste Bastionen des schwindenden religiösen Bewußtseins bleiben, Orte, an denen Kult und Ritus und eine sakrale Atmosphäre lebendig und dicht bleiben.

Die frühen Mönche, vor allem die Eremiten, lebten in sehr kargen Formen: Kult, Ritus, Sakramente usw. haben bei ihnen eine sehr untergeordnete Rolle gespielt. Als sich der Mönchsvater Antonius zum Beispiel zwanzig Jahre lang allein in einem verlassenen Wüstenkastell eingeschlossen hatte, hat er offensichtlich so lange Zeit auf die Messe verzichtet, da er ja nicht Priester war. Und es ist bezeichnend, daß in einer der Lehrerzählungen der Wüstenväter geschildert wird, wie der Teufel einen Eremiten, der viele Jahre in der Wüste gelebt hat, dadurch versucht und zu Fall bringt, daß er ihm zuredet: „Du hast keinen Nutzen, wenn du hier in deiner Zelle sitzt, weil du den Leib und das Blut Christi nicht empfängst. Ich fürchte, du wirst von ihm entfremdet, weil du dich von diesem Geheimnis so weit entfernst."[10] In Wirklichkeit mußte das Leben in der Einsamkeit keine Entfremdung vom Sakrament der Eucharistie darstellen, sondern konnte im Gegenteil ein existentielles Eingehen in dieses Sakrament, eine Konsequenz des Sakraments sein. Im 12. Jahrhundert hat der Zisterzienser Wilhelm von St. Thierry, der die Spiritualität der Wüstenväter neu aufgegriffen hat, in diesem Sinn geschrieben: „Es ist nur wenigen Menschen (nämlich den Priestern) vergönnt, das Geheimnis (der Messe) zu einer bestimmten Zeit und an einem bestimmten Ort zu feiern. Aber es ist allen möglich, das, worum es bei diesem Sakrament oder Geheimnis geht (*rem* sacramenti vel mysterii), zu jeder Zeit und an jedem Ort zu vollziehen und sich darauf einzulassen."[11]

Könnte also eine radikale Entblößung in der Einsamkeit, wie sie die frühen Mönche gekannt haben und wie sie uns heute, zwar unter ganz anderen äußeren Bedingungen, aber qualitativ gar nicht sehr viel anders, überkommt, nicht durchaus eine Möglichkeit zu einer sehr existentiellen Kommunion und Teilhabe an Christi Entblößung in seinem Leiden und Sterben darstellen?

### *„Christi Schmach außerhalb des Lagers teilen"*

Wäre es nicht möglich, daß wir auf eine neue, intensive und sehr existentielle Weise aufgefordert sind, jenes „Ite, missa est", das am Ende zahlloser feierlicher Choralämter in reichen, herrlichen Melodien gesungen worden ist, nicht nur in seinem ästhetischen Wohlklang, sondern in seinem letzten Ernst zu hören und zu befolgen: Geht hinaus aus dem Raum der religiösen Erfahrung und laßt die Messe, die ihr zelebriert habt, wahr werden in eurem Leben! Erkennt und bejaht es als Berufung und positiven Wert, wenn Gott euch hineinstellt in die „Situation des, psychologisch gesprochen, ‚nackten' Glaubens, des Glaubens ohne religiöse Erfahrung"! Verzichtet darauf, „die verfliegende religiöse Erfahrung künstlich durch suggestive bzw. pädagogische Methoden zu verlebendigen", sondern geht mit Christus hinaus „außerhalb des Lagers" der religiösen Kultur, „um seine Schmach mit ihm zu teilen" (vgl. Hebr 13,13): seine Anfechtung, seine Angst, seine Nacht auf dem Berg, draußen in Getsemani, am Kreuz, im Grab!

Das wäre keine Verarmung, sondern eine intensive Möglichkeit, in das Schicksal Christi einzugehen und ihm nahe zu sein.

Mit diesem Gedanken soll natürlich nicht die These aufgestellt werden, wir sollten heute alle Liturgie, alle kultischen Formen und alle Kultur des Kirchengesanges hinter uns lassen. Wir feiern im Gottesdienst auch weiterhin Wirklichkeiten, die unser Fassungsvermögen übersteigen und uns eine Vision dessen vermitteln sollen und dürfen, worin wir eingehen und vollendet werden wollen. Und es gibt schließlich noch andere Aspekte und Sinnzusammenhänge, die gottesdienstliches Feiern rechtfertigen, ja notwendig erscheinen lassen. Im Gottesdienst wird die *Kirche* als Gemeinde des Herrn sichtbar und kommt zu sich selbst; sie erfährt im Wort und im Sakrament immer neu die Deutung und Auslegung und Weihe ihres eigenen Schicksals, empfängt immer neu ihre Berufung und wird zeichenhaft und wirklich – namentlich in der Eucharistiefeier – in die opfernde Hingabe Christi an den Vater hineingenommen, also in eine Sphäre und Beziehung gehoben, die noch so intensives menschliches Ringen und Opfern nie von sich allein aus zu erreichen imstande wäre. Der sakramentale und der existentielle Vollzug der Auslieferung des Menschen an Gott sind aufeinander angewiesen und interpretieren und vollenden sich gegenseitig: das Sakrament schenkt die tiefsten, letzten Perspektiven und stellt den realen Kontakt zu Gott her, und der existentielle Vollzug verleiht dem Geschauten und Ergriffenen seine äußerste Konsequenz, Ernsthaftigkeit und Endgültigkeit.

Es geht also hier darum, die Möglichkeit ins Auge zu fassen, den von Guardini beschriebenen Umstand, daß für uns Heutige „die religiösen Akte mühsam werden", nicht nur negativ zu werten und zu erleiden, sondern als spezifische Form unserer Berufung zum Gleichförmigwerden mit Christus zu begreifen und zu bejahen. Gerade wenn unsere „religiöse" Erfahrung schwindet und erstirbt, könnte das ein Zeichen sein, daß wir von der Zelebration zur Verwirklichung hinübergeführt werden und daß wir Hungernde, Dürstende und Blinde dem Reiche Gottes gar nicht so fern sind, wie wir befürchtet hatten. In seiner Karfreitagspredigt äußert der Kaplan in Georges Bernanos' „Die begnadete Angst": „In weniger dunkeln Zeiten nimmt die Huldigung an Seine Majestät leicht den Charakter einer einfachen Zeremonie an, allzu ähnlich denen, die man zu Ehren der Könige dieser Welt veranstaltet. Ich sage nicht, daß Gott diese Art von Ehrenerweisen abweist, obschon der Geist, der sie beseelt, mehr dem Alten als dem Neuen Bund entspringt. Aber zuweilen kommt es vor, daß er ihrer überdrüssig wird: verzeihen Sie mir diesen Ausdruck. Der Heiland hat unter uns gelebt und lebt immer noch unter uns als ein Armer; es kommt immer wieder der Augenblick, da er beschließt, uns arm zu machen wie er selbst, um empfangen und geehrt zu werden von Armen, in der Weise der Armen, um das wiederzufinden, was er damals so oft auf den Straßen Galiläas gekannt hat: die Gastfreundschaft der Elenden, ihren schlichten Empfang."[12]

## *Die Konsequenz: Nüchternheit, Klarheit und Einfachheit*

Das Kommen und die Nähe Gottes in der äußersten Armut wird uns erst aufgehen, wenn wir die Situation der scheinbaren Nicht-Erfahrung, diesen Karsamstag, an dem die Altäre abgeräumt sind, wirklich positiv annehmen. Wir dürfen nicht lautlos abwandern zu interessanteren und befriedigenderen Aktionen und Tätigkeiten, mit denen wir uns insgeheim den Beweis und die Sicherheit verschaffen, daß es in unserem Leben doch noch etwas greifbar Sinnvolles und Befriedigendes und daß es eine vorzeigbare Legitimation unseres Daseins gibt. Für die Zeit geistlicher Öde und Dürre lautet der Rat der Wüstenväter immer wieder: Bleibe, halte um jeden Preis aus, mache weiter wie bisher. Dieser Rat gilt auch für unsere heutige Situation; nicht in dem Sinn, daß wir uns in alten Formen und Riten einigeln und jede Krise leugnen und überspielen, sondern daß wir bewußt in und mit dieser Krise leben und sie als Chance verstehen, in Christi Entäußerung tatsächlich und leibhaftig mit einzugehen und auf diesem Weg zur Wirklichkeit eines neuen Lebens vorzustoßen. Das würde uns aus unserer Lähmung in Angst und Sorgen um unsere Gegenwart und Zukunft lösen, die völlig unfruchtbar und letztlich hoffnungslos ist – weil ein Produkt des geheimen Unglaubens –, und uns zu einer neuen, tiefen Freude befreien, die dem zuteil wird, der sich bedingungslos in den Abgrund Gottes fallen läßt; zu einer Freude, die neue schöpferische Kräfte entfalten kann.

Warum also nicht die gegenwärtige Wirklichkeit einfach annehmen, wie sie ist? Lassen wir doch konsequent aus unseren Gottesdiensten alles weg, was nach Pomp, Pathos und Phrase aussieht. Hören wir doch schlicht und einfach gemeinsam das trockene, aber nahrhafte Wort Gottes und versuchen wir es zu befolgen, und empfangen wir das Sakrament, dessen Wesen und Wahrheit der Glaube unabhängig von allem Spüren und Erfahren erfaßt! Von diesem recht nüchternen, unscheinbaren Kern her – und nur von ihm her – werden wir dann auch wieder allmählich die richtigen, angemessenen und ehrlichen Formen finden, in denen es sich fassen, ausdrücken und mitteilen läßt. Kommen wir nicht von da her, so bleibt all unser Feiern mehr oder weniger geschickt erdachte Folklore, Unterhaltung oder gezielte Werbung, um die „Ware Gott" an den Mann zu bringen.

Marie Luise Kaschnitz hat in ihrem „Tutzinger Gedichtkreis" formuliert:

Mit denen, die Dich auf die alte Weise
Erkennen wollen, gehst Du unsanft um.
Vor Deinen Altären läßt Du ihr Herz veröden,
In Deinen schönen Tälern schlägst Du sie

Mit Blindheit. Denen, die Dich zu loben versuchen,
Spülst Du vor die Füße den aufgetriebenen Leichnam.
Denen, die anheben von Deiner Liebe zu reden,
Kehrst Du das Wort im Mund um, läßt sie heulen
Wie Hunde in der Nacht.
Du willst vielleicht gar nicht, daß von Dir die Rede sei.
Einmal nährtest Du Dich von Fleisch und Blut,
Einmal vom Lobspruch. Einmal vom Gesang
Der Räder. Aber jetzt vom Schweigen.
Unsere blinden Augen sammelst Du ein
Und formst daraus den Mondsee des Vergessens.
Unsere gelähmten Zungen sind Dir lieber
Als die tanzenden Flammen Deines Pfingstwunders.
Sicherer wohnst Du als im Gotteshause
Im Liebesschatten der verzagten Stirn.

Diese Zeilen wecken in mir spontan nicht ein Gefühl der Beklemmung und Angst, daß Gott uns entschwinde, sondern eine Empfindung großer Nüchternheit, Klarheit und Einfachheit. Ja, sie wirken mir wie ein Freispruch von der Verpflichtung zu komplizierten Worten und Riten und Bräuchen; vom Angewiesensein auf all die Medien und Materialien, mit denen wir uns heute Gott schmackhaft zu machen versuchen; von der Verurteilung, all die Zentner bedruckten Papiers durcharbeiten zu müssen, von denen es heißt, man müsse sie gelesen haben, um zeitgemäß, problembewußt und authentisch von Gott reden zu können. Hier wird alles unendlich einfach und faszinierend unmittelbar: was Gott „nährt", ist mein Schweigen und der „Liebesschatten der verzagten Stirn"; ich brauche ihm nicht mit Kenntnissen, nicht mit Erfahrungen, nicht mit Gefühlen, nicht mit großartigen Opfern, nicht mit wortreichen Gebeten aufzuwarten, sondern es genügt, daß ich *da* bin als der arme, leere, hilflose, fragende Mensch, der ich immer und allzeit schon bin. Welche „Demokratisierung" des Zugangs zu Gott kommt mit dieser Einsicht zutage, nach all der Problematik des Theologisierens und Hermeneutisierens, die Gott nur noch für Spezialisten erreichbar scheinen ließ!

### *Der Friede des in Christus Gestorbenen*

Es käme nun alles darauf an, nicht diese Leere wieder auszufüllen mit krampfhaft und künstlich gesuchtem Sinn, sondern in ihr zu verharren und jenseits alles „Erfahrens" und „Erlebens" im „nackten" Glauben zu erfassen, daß dies das Geheimnis des Karsamstags ist: ein Gleichgestaltetwerden mit Christus; der existentielle Mitvollzug seines „Abstiegs zur Hölle" der Einsamkeit, der Nichtigkeit, der Erfahrungslosigkeit; und zugleich das Eintauchen in diesen eigentümlichen Frieden nach der Ergebung, der über dem Karsamstag liegt und sich als eine eigene, viel wesentlichere Weise der Erfahrung erschließt, je mehr man sich auf ihn einläßt. Das ist ein Friede, der alles andere ist als ein Friedhofs-Friede von unwiderruflich Toten und Isolierten. Im Gegenteil: hier, an diesem Ort, ist Kommunikation mit grundsätzlich allen Menschen möglich. Solange sie noch ihren Schmerz artikulieren oder deuten und sobald sie ihre Freude ins Wort bringen, sprechen sie verschiedene Sprachen, und ihre Begriffe und Bilder stoßen im Raum aneinander und schaffen Mißverständnisse aller Art. Aber hier, in der Leere, wo sie schweigen, als absolut Arme – hier treffen und verstehen sie sich alle, ganz gleich, welcher Weltanschauung, welcher Religion, welcher Konfession sie angehören. Hier ist der gemeinsame Ausgangs- und Zielpunkt ihrer Existenz. Hier finde ich sie alle. Und von hier aus lassen sich gemeinsame Worte suchen und finden.

# Anmerkungen

[1] Alle Zitate aus: *H. Ost,* Einsiedler und Mönche in der deutschen Malerei des 19. Jahrhunderts, Düsseldorf 1971, 49–65.
[2] *Th. Merton,* Das Zeichen des Jonas, Einsiedeln 1954, 262.
[3] So im Titelaufdruck von: *W. Massa,* Kontemplative Meditation. Die Wolke des Nichtwissens – Einführung und Anleitung, Mainz 1974.
[4] *H. U. v. Balthasar,* Bernanos, Köln u. Olten 1954; dieses und die folgenden Zitate aus dem Abschnitt S. 334–376.
[5] *A. Huxley,* Himmel und Hölle. Die Pforten der Wahrnehmung, München 1970, 103f.
[6] In: *Beierwaltes – v. Balthasar – Haas,* Grundfragen der Mystik Einsiedeln 1974, 57ff.
[7] *R. Schneider,* Der fünfte Kelch, Köln 1953, 25f.
[8] *J. v. Ruysbroeck,* Die Zierde der geistlichen Hochzeit, übers. v. W. Verkade, Mainz o.J. (ca. 1923), 170–172.
[9] *R. Guardini,* Theologische Briefe an einen Freund, Paderborn 1977.
[10] Apophthegma 1142; Weisung der Väter, hrsg. v. *B. Miller,* Freiburg 1965, 392.
[11] Migne PL 184, 327 B.
[12] Zit. nach *H. U. v. Balthasar* a.a.O. 239f.

Folgende Kapitel sind bereits früher veröffentlicht worden. Sie wurden für dieses Buch überarbeitet.

„Leer werden für Gott" unter dem Titel „Vom Sinn des Mönchtums heute", in: Carretto u.a., Lebenswege des Glaubens, Freiburg 1978, 96–114.

„Die Quelle der inneren Ruhe" unter dem Titel „Mitten im schlimmsten Trubel Muße finden. Anregung aus der Erfahrung des christlichen Mönchtums", in: Lebendiges Zeugnis 34 (1979).

„Von der Trauer und von der Freude des Christen" unter dem Titel „Von der Freude des Fisches, im Netz gefangen zu sein", in: Geist und Leben 52 (1977), 85–92.

# Nachwort

Die Lektüre dieses Buches verschafft mir – als einem seiner ersten Leser – widersprüchliche Gefühle. Manche Sätze versetzen mich in Unruhe und drängen mich, ihrem Autor zu widersprechen. Für andere hege ich eine Art von Bewunderung. Woher kommt das? Nun, vielleicht hängt es damit zusammen, daß ich von einem Mönch andere Äußerungen erwartet habe. Welche zum Beispiel? Begütigendere Worte, beruhigendere auch; jedenfalls nicht Sätze wie diese: „Mönchsleben ist im Grunde ein unmögliches Leben, ein Leben auf der Grenze zwischen Gegenwart und Zukunft. In Reinkultur ist es praktisch gar nicht lebbar, denn man kann nicht lange zwischen Himmel und Erde hängen, ohne umzukommen."

Ein von Bernardin Schellenberger häufig verwendetes Wort heißt „Spannung". Damit ist freilich nicht die Atmosphäre von Kriminalromanen oder Schauerdramen gemeint: obgleich das Buch des sechsunddreißigjährigen Autors mitunter spannend zu lesen ist. Das Wort umschreibt vielmehr sehr persönliche Erfahrungen. Zum Beispiel verdeutlicht es auf seine Weise das Provisorium mönchischer Existenz, ihre Ausgesetztheit. Und es umschreibt die tägliche Nötigung, in nichts anderem zu wurzeln als in der mühevollen Vorwärtsbewegung der Nachfolge Christi. Mönchsleben unter einem solchen Erfahrungshorizont ist „ausgeliefert, offen, unerfüllt, ausgespannt". Doch ist es einem Mönch zu verdenken, wenn er wenigstens bisweilen in periphere Tätigkeiten und fromme Werke flüchtet, um einen Rest Sicherheit und Genugtuung zu behalten? Indem er auf eine Reihe typisch klösterlicher Ausflüchte verweist, läßt sich der Autor auf derlei Konzessionen nicht ein. Der Ton ist unpolemisch, aber unmißverständlich – wie denn überhaupt das ganze Buch für mich (als *einem* seiner Leser) eine unterschwellig-bohrende Auseinandersetzung mit Gewohnheitsverständnis und Mißverständnis mönchischer Tradition darstellt.

Die sanfte Radikalität und der gelassene Zorn, mit dem dieses Buch ausdrücklich und zwischen den Zeilen ein sentimentales Mißverständnis und ein zu kommodes Selbstverständnis des Mönchtums aufs Korn nimmt, beeindrucken mich. Seine teilweise bebende Spannung jedoch irritiert mich. Wie hält ein Mensch das nur aus? Ich kenne den Autor und frage mich: Besitzt er am Ende den Blick eines religiösen Fanatikers, dessen Ansichten man sich nur anschließen oder verweigern könnte? Doch wenn ich die persönlichen Eindrücke der letzten Jahre unserer Bekanntschaft durchgehe, dann muß ich sagen: Nein. Ein fanatisch angelegter Christ könnte unmöglich soviel Gelassenheit, soviel Humor und einen derart kühlen Kopf besitzen. Trotz alledem – fehlt manchen Abschnitten seines Buches nicht eine bestimmte menschliche Farbe? Wo macht es denn wenigstens *ein*

Zugeständnis: etwa an das jedem Menschen eingeborene Verlangen nach Entspannung, Konfliktlösung, Ruhe, Verwurzelung und irdischem Behagen? Im Gegenteil, bestimmte Vorstellungen vom Klosterleben und vom geistlichen Weg eines Mönchs werden wie fromme Dekorationen abgeräumt. Der religiösen Sehnsucht des Menschen nach endgültiger Sicherheit in Gott wird der Mut zu den Tatsachen nahegelegt: orientiert sich der Mönch statt an Illusionen an der Wirklichkeit Christi und seines eigenen Lebens, so wird er sich als jemanden begreifen und erfahren lernen, der mit seiner ganzen Existenz „unterwegs" ist – ein Weg, der sogar jenseits der Todesschwelle und gewissermaßen im Innersten Gottes weitergehen wird. Und dies, obgleich doch nicht wenige moderne Meditationstechniken auf die Erzeugung einer Art von problemloser Ruhe zielen, einen Zustand möglichster Unangefochtenheit inmitten einer fürchterlich angefochtenen Welt...

Freilich: Was kann einer tun, damit solche Spannung nicht zur Überspanntheit führt? Was ist zu bedenken, damit nicht das Mißverständnis vom Mönch, der in idyllischer Zweisamkeit mit Gott lebt, lediglich dem anderen Mißverständnis vom heillos überspannten Mönch weicht? Nun, was den Leser dieses Buches betrifft, so meine ich, könne er spüren, daß seine Spannung das Ergebnis einer außerordentlichen Vitalität ist; dies Buch lebt nach meinem Dafürhalten von einem ausgesprochenen Vertrauensvorschuß gegenüber der Liebes- und Leidenskraft der Christen, ja, der Menschen überhaupt. Auch deshalb erscheint mir seine Spannung zuletzt (und nach weiterem Nachdenken) als ausgesprochen tröstlich. Und warum *noch* tröstlich? Nun, nicht nur der Mönch, auch der sogenannte kleine Mann, die Frau „auf der Straße", sie sehnen sich natürlich nach Frieden. Und sie möchten nicht nur, daß Nationen miteinander Frieden machen; sie wünschen nicht weniger inständig, mit ihrem eigenen Selbst Frieden zu schließen. Doch was finden sie häufig vor? Spannungen und Konflikte. Könnte es ihnen helfen, wenn sie den (vielleicht lähmenden) Eindruck gewännen, Mönche lebten "weit vom Schuß" und in einem geistigen Reich jenseits der Plagen, mit denen sie sich täglich herumschlagen müssen? Nein, es würde ihnen nicht helfen.

Doch noch einmal: Muten manche Sätze dieses Buches dem normalen Menschen (Mönch, Bürger, Zeitgenossen) nicht zuviel zu? Oder verhält es sich gerade umgekehrt? Ist nicht die sogenannte erbauliche Literatur eben deshalb so ärgerlich, weil sie den Leser auf ein Ideal ausgeglichenen und harmonischen Lebens festlegt, das total unrealistisch ist?

Nicht allein im Titel, auch in zahlreichen Texten dieses Buches verwendet Bernardin Schellenberger den Begriff der „Erfahrung". Unter Umständen entstünde ein neues Mißverständnis, würde man darunter das sozusagen methodisch herbeigeführte Ergebnis menschlicher (etwa rein psychologischer) Anstrengungen verstehen, elitäre Erlebnisse zu gewinnen. Der Autor ist offenbar alles andere als ein Erfahrungs-Rezepte-Sammler. *Weit eher geht es ihm um eine erahnte Teilhabe am Schicksal Christi.* Und statt dem Auf- und Untergehen in die kollektive Ruhe einer Klostergemeinschaft hat sich der „Heilsweg" für ihn längst als schmerzliche Individualgeschichte herausgestellt. Ein solches Nachdenken kreist dann auch nicht mehr (etwa unter dem bloßen Gewand der Kontemplation) um die Ideologie religiöser „Selbstverwirklichung". Ja, der theologische Instinkt des Autors zielt im Grunde auf eine Form von *Erfahrungslosigkeit,* in der allein sich die Ahnung einer neuen Qualität von Erfahrung einstellen kann. Auch deshalb führen nicht wenige Äußerungen des vorliegenden Buches an jenen Nullpunkt, wo zugleich neue *Worte* für uralte Widerfahrnisse der Seele auftauchen könnten. Oder sollten Mönche, vom Sprachverschleiß und von der Wortlosigkeit ihrer Zeitgenossen unbetroffen, nur einfach munter weiterpsalmodieren? Wie immer: mir kommt Schellenbergers Buch bisweilen wie eine einzige Expedition vor – wie die Suche nämlich nach dem erlösenden Wort für den abwesend-anwesenden Gott der Menschen.

Der Verfasser des Buches mit dem Titel „Ein anderes Leben" ist Trappist. Trappisten leben nach der Regel des heiligen Benedikt. Gerade diese Regel aber steht offen zwischen jenem kulturbejahenden Mönchtum, wie es sich vor allem im Abendland ausgebildet hat (und das sich nicht zuletzt der liebevollen Pflege der „Erde" widmet), und dem auf eine erst kommende Welt ausgerichteten Mönchtum der Wüstenväter. Daß sich das vorliegende Buch ganz entschieden aus der Tradition der letztgenannten Theologen versteht, sollte nicht vergessen werden. Wenn ich Schellenberger richtig verstehe, so geht es ihm dabei auch um das Gewissensgebot, in einer auf das erst Kommende ausgespannten Lebensweise die eigene Nichtigkeit und Leere auszuhalten, statt sie mit einem frommen Programm zu füllen.

An nicht wenigen Stellen dieses Buches mußte ich an den verhinderten Mönch und paradigmatischen Laientheologen, den römisch-katholischen Schriftsteller Léon Bloy denken. Unversehens erschien es mir wie ein mönchisches Echo auf Bloys „Exegese der bürgerlichen Gemeinplätze", der Auseinandersetzung mit jenem abgründig dummen Gerede, nämlich, mit dem sich der bürgerliche Relativismus der Tatsache des Evangeliums zu entziehen versucht. Nun, selbst in Klöstern (kaum weniger als in Bürgervillen und -wohnungen) – bisweilen sogar den strengsten – wohnen nicht selten Menschen, die zwischen den Anspruch des lebendigen Gottes auf unser Herz die wohlgefällig gelebte Regel stellen; ja, die glauben, es genüge, dem eifersüchtig liebenden Gott ein paar liturgisch gewandete Brocken eigenen Lebens zu überlassen – jenem Gott, der kaum einen Zweifel daran gelassen hat, daß er das ganze Herz des Menschen will: ihn selber und nicht nur seine Werke.

Das Buch des Trappisten Bernardin Schellenberger trägt den Titel „Ein anderes Leben". Anders als was sonst? Nun, zum Beispiel anders als die land- und weltläufige Vorstellung vom Mönchtum. Anders auch als die landläufige Praxis nicht eben weniger Mönche. Anders als die land- und weltläufige Vorstellung von Gott. Leben in einem Kloster wirklich

Pilger, Fremdlinge, Flüchtlinge in einer vorläufigen Unterkunft – prophetische Existenzen, die buchstäblich und mit vielen anderen Menschen gemeinsam „zeichenhaft" unterwegs sind, oder nicht?

„Ein anderes Leben". Dieses Buch kommt mir vor, als stellte es eine höchstpersönliche Alternative zum gegenwärtig so elegant propagierten „alternativen Leben" dar. Auch darum erhoffe ich ihm viele sorgfältige Leser.

*Erich Kock*

# Beten in unserer Zeit

mit Beiträgen von

Rudolf Affemann, Frère Armin, Hans Urs von Balthasar
Alfons Deissler, Thomas Denter, Meinrad Limbeck
Joseph Sauer, Josef Sudbrack und Klemens Tilmann

Herausgegeben von Joseph Sauer

Beten ist in unserer Zeit für viele schwer geworden. Dennoch spüren Menschen auch heute in sich ein Verlangen nach echtem Gebet und ahnen, „daß gebetet werden muß, daß ein bloßes Wissen um Gott nicht genügt, vielmehr ein Kontakt zu ihm von Geist zu Geist, von Herz zu Herz hergestellt werden muß" (Hans Urs von Balthasar).

Orientierung und Anleitung,
Impulse und Übungen

zum Beten in unserer Zeit bietet dieser Band mit Beiträgen anerkannter Fachleute. Die breitgefächerte Themenstellung reicht vom gesprochenen Gebet bis zum sinnvollen Schweigen und zur Meditation, vom Bitt- und Klagegebet in biblischer Sicht bis zum Gebet im Leben der Mönche und bis zur Funktion des Gebets in der Erfahrung des Psychologen.

200 Seiten, kartoniert, ISBN 3-451-18588-1